不思議高勝率
低風險的當沖九大招式！

海賊
操盤法

股票當沖密技 陳璨瑋(米可)

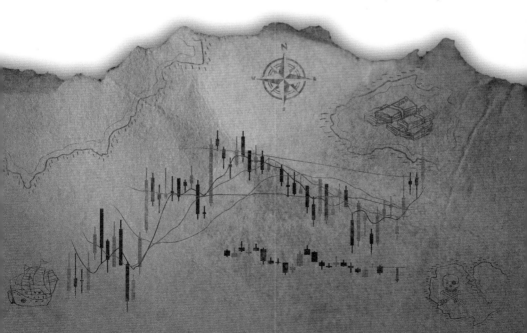

感謝辭

本書獻給

天國的父母

深愛的家人與狗寶貝們

啟發、改變我命運的二位恩師

赤馬海賊團的船員們

業務助理們

社團同學們

沒有你們，就沒有這本書！

推薦序

　　從事股市工作二十年，閱人無數，只要有交談機會，大致上都可以知道此投資人的功力深淺。剛認識「米可」時，他一個人靜靜的坐在角落上課，與其他投資人一樣，很用心的做筆記；但是下課後，他過人的求知慾，以及將問題細心分類、分解，追求真相的態度與積極性，讓你第一眼就能感覺，他一定是個非常不平凡的股市怪咖，能預約明日的財富，在股市闖出一片天，早晚都會是個「好野人」（有錢人）。果真如此，他如同張無忌般，一年內即打通股票任督二脈，第一本著作就此誕生，令人驚艷！

　　我常說，股市是超級槓桿原理，只要做對了五年，就可以是「好野人」，但若做錯了，下場慘不忍睹。若你認識的資深分析師擁有10年證券經驗，卻還沒「好野」，那便是他的方法有問題——股市操作只在乎方法是否正確，不在乎你在股市的年齡，反倒是資深的投資人吸收新知識更難，因為舊酒不丟裝不了新酒——要賺的話，10年的時間他早就發財了，不會等到今天。「米可」雖然資淺，但絕對是股市奇葩、明日之星。

　　股市中賺錢的方法很多，三百萬的實際參與人口中，大多都是「電視牌」，收看投顧或理財節目後就投資了，把自己辛苦存來的積蓄或家當押下去，但往往是賺得了今年、賺不了明年，遇

到空頭市場，就有一堆人傾家蕩產。為什麼？因為他們投資「台積電」、「鴻海」、「一銀」，就是不投資自己，不在股市中「教育」自己。

小明辛苦讀書18年，從幼稚園到大學畢業，好不容易在竹科找到一個月薪三萬元的工作——這是台灣每個家庭教育孩子成長的模式：投資自己，加上年年不斷的用心努力。若是股市賺錢那麼容易，可以不必讀書就輕易賺大錢，那台灣慘啊！不是成為科技島，而是「賭城」！

每個國家的前十位首富，大多是靠股票上市起家的，它們是知識經濟、是智慧結晶所創作出來的財富，因此「甲骨文證券研究社」誕生了，為不同立場的投資人設立不同課程，以教育投資人能在股市獲利為目的的教育機構。股市有沒有穩賺不賠的方法？當然有！「股市天機圖」是「甲骨文證券研究社」最主要的課程，是將股市投資中，成功機率達70%～100%的投資法則告訴你，免除不確定的買賣和選股。

米可此次專為職業投資人寫了一本好書，對股市從業人員

（營業員、自營部、投信業、證券公司）幫助很大，對短線操作者更是提供了穩賺的操作法寶！期許往後各位讀者也能更精進、更努力學得股市絕學。在此借花獻佛，祝福大作能成為暢銷書，更祝福操作愉快、操盤順利，戰無不勝、攻無不克！

甲骨文證券研究社董事長

余森山

推薦序

　　「米可」在眾多學生之中，是很難得的明日之星。在沒有背景撐腰之下，他單憑一己之力苦壯勝出，想必不久的將來定能在台灣股票市場上佔有一席之地。

　　米可是最早能領悟「股市天機圖」的奧秘，並將之轉化融入自己見解的人，今天他把二者結合成「海賊操盤法」出版成冊，為台股當沖操作注入新的活水，若投資朋友能詳讀吸收，必能增添獲利度。

　　讀畢《海賊操作法》一書後，唯有「青出於藍，更勝於藍！」一感，特於此序推薦並獻上祝福！

甲骨文證券研究社社長

余功亮

序

「這輩子似乎跟股票脫不了關係！」

當我還小，老爸還在經營建設公司的時候，每天早上他都對著電視猛抄筆記，而我總對著滿是數字的螢幕狂打哈欠。老爸常常跟我說：「兒子啊，這些都是錢啊！這比你老爸蓋房子還好賺，要不要學啊？」你一定以為我立刻眼睛一亮跟老爸學操作股票了，對不對？很抱歉，我直接把電視轉到NBA美國職籃看球賽，然後被老爸痛打一頓！

長大後，長輩們千萬交代不可以玩股票，總說這會讓我傾家蕩產，然而他們私底下卻滿嘴股票經……根本是大人騙小孩嘛！造就我對股票有很差的印象，雖然極力想避免接觸，但似乎全世界最會玩股票、說股票的人都在我身邊！

畢業後，我當了公務人員，每天吃飽飽等領錢，其實從未想過投資理財。直到同事竟靠股票投資賺到五桶金，這才讓我對股票產生興趣，但我沒有立刻跑去炒股，而是跑去買基金！後來發現不太好賺，決定還是乖乖存錢算了。講到這裡你一定會非常好奇，我到底從什麼時候開始操作股票呢？答案說出來肯定大家笑

翻天——

　　「2008年5月20日」！是的，你沒看錯，我就是那個非常準時上車的傻瓜，一秒不差！我把退休金、存款、房貸，一股腦的全數壓下去！因為全台灣人都知道，台股即將重回萬點，全民將共享十餘年來的榮耀！

　　3955之後，我的財產大幅縮水，居然不到當初的十分之一！當初在電視裡天天喊萬點的外資分析師、投顧老師、董事長、社長等，他們還是一樣天天上電視，但我的錢跑到哪裡去了？我常常在收盤之後傻坐在椅子上，對自己的人生充滿絕望……我總是對自己說：「Loser！」

　　幸運的是，我遇到兩位恩師（余功亮、余森山老師），在他們的教導之下，一年後我的人生有了很大的改變。我是怎麼辦到的？其實連我自己也不太清楚，只知道過去那一年，股票成為我另一個老婆，吃飯、開車、洗澡，甚至上大號都黏著我，我每天只睡四、五個小時，睡覺的時候還會夢到手上的股票漲、跌停！

好友問我為何要寫書，想分享？賺不夠嗎？說真的，我不知道！我只知道我很喜歡朋友跑來跟我說：「米可，謝謝你讓我多賺（少賠）了不少！」我總會想，假如當初也有個好老師陪我走過「2008斷腸年」的話，那該有多好！

　　好了，廢話不多說！這本書主要是在剖析我自己非常喜歡使用的股票當沖手法，對於不想冒太大風險又想快速累積財富的投資人來說，非常有用！因為我也是這樣小錢起家的喔！

米可

前言

海賊來了！

「Sail ho！」（開船嘍！）——黑色的骷顱旗幟、四處飛竄的短斧與匕首、轟聲雷動的火炮聲、嗜血般的深邃眼神，一群身著充滿汙漬衣裳的狂人朝向驚慌失措的商船躍去，掠奪所有的糧食、金錢與武器！

1720年代行經加勒比海海域的船隻，最害怕聽到這一句吼叫聲！崎嶇的海岸線與珊瑚礁，為海賊們提供天然屏障，讓他們能夠無聲無息的出現在獵物身邊。當看見黑色的骷顱旗幟時，商船或海軍往往在措手不及的情況下被俘虜或殺害。

與電影裡所飾演衣著亮麗又搞笑的海賊不同地方是，18世紀的海賊雖然野蠻，卻相當遵守法典規範；動作雖然粗魯，卻迅捷無比；掠奪雖然殘暴，卻僅取所需，不求吃乾抹淨。他們紀律嚴明、遵守規範，分工明確、各司其職，因為海賊知道，只要有些微失誤，輕者損及自身，重者將禍害全員！因此海賊的行動充滿著許多規律與智慧，而且完全從實際作戰而來。

1. 等待：海賊不輕易出手，他們可以追蹤獵物非常久的時間，等到一切都符合把握時，才開始攻擊行動。

2. 迅捷：海上作戰變化多端，透過小組分工，各自執行任務，有的與敵人纏鬥、有的奪取食物武器、有的負責掌控船隻等等，所有的行動只有一個原則：快、快、快！

3. 滿足：海賊船為方便掠奪往往輕便短小，裝太多物品只會減緩速度，所以海賊只取所需、不求多！

　　他們永遠重複著等待→迅捷→滿足的步驟，讓18世紀的海軍與商船對於海賊永遠苦無對策，甚至於英國的伊莉莎白女皇都願意透過與海賊的合作來擴張領土！

　　股海裡也是一樣，海賊操作法的精神強調：如駱駝般的耐力、獵豹般的敏捷、老鷹般一擊必殺的能力、幼兒般的滿足、鋼鐵人般的意志！透過固定的操作模式，就算沒有幾百、上千萬的資金，一樣能生存於充滿殺戮的金錢交易中，當一個自給自足的股市海賊！如果您具有不服輸的鬥志、旺盛的賺錢慾望、勇於接受挑戰的精神，相信我，您會是一名稱職的海賊！現在就與我一同踏上海賊船，學習如何當個股市海賊吧！

BON VOYAGE!

目錄

第一單元：當沖九式

第二單元：比較法實戰操作

第三單元：價格支壓線實戰操作

第四單元：操作不是技術問題

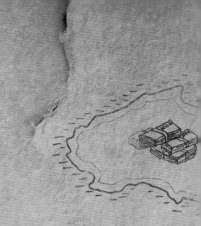

NOTE

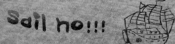Sail ho!!! BON VOYAGE!!!

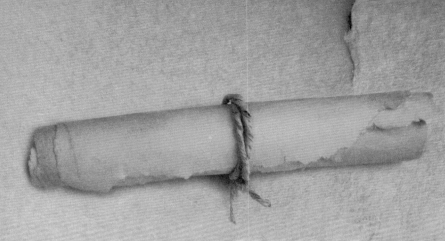

第一單元：當沖九式

招式一：固定名單

「每當看到同好們的交易紀錄時，我總是很想立刻掐死這些小鬼（老鬼）們！」

到底在沖什麼？見漲就追、見紅就沖，漲時不跑、被套就抱，愈抱愈套乾脆就改成波段操作，甚至加碼攤平，完全把我過去的賠錢操作模式發揮得淋漓盡致！再不然，沖來沖去盡是台積電、鴻海、台塑……，一些每天震盪幅度僅差毫米的大型績優股，只要不賠錢就很高興了。朋友們，當這些股票還是飆股時，已經是十幾、二十年前的事情了！

當然，要當沖的股票也不能亂選，就好比挑選另一半，你得多認識它、了解它的個性，才能知道適不適合自己的操作。說了這麼多，到底要怎麼挑呢？我們用兩張圖片來比較一下，讓大家看看誰比較適合用來作當沖！

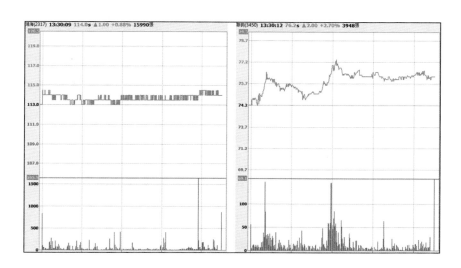

　　左邊是2317鴻海（大家都認識），右邊是3450聯鈞（這是誰啊？）

　　題目：你覺得誰比較適合用來作當沖？

　　有件事我並不否認，市場上有一群人專門拿權值股來作當沖，但是如果沒有大戶零手續費的福利，這種事還是少幹為妙！

　　答案揭曉：請選擇「右邊」走勢的股票為當沖首選！

　　為什麼？你一定會問！

　　要回答這個問題之前，先來談談當沖的手續費！

如果按照規定來算，當沖成本約是股價的0.7%，但為了方便計算與保守原則，當沖成本我一律視為1%。也就是說，以鴻海每天的平均振幅約為1%來看，如果我選它當成操作標的，無論進出點多麼漂亮，通常都只是做白工！如果我選擇的標的，這一個月來每天平均振幅都超過2%，操作才會有利潤與空間可言！

因此，選擇當沖標的的首要條件就是：股性活潑！

　從現在開始，每天回到家要做的功課就是把當天漲停板的股票全部看一次。只要發現股性活潑的，亦即震盪幅度大於2%以上的個股，就先設定為觀察名單。接著再觀察1～2個星期，每天去欣賞它的波動、主力的作價習慣等等。

　這時大家都會問我二個問題：

1. 2個禮拜會不會太久？

2. 漲停板要去找？要怎麼篩選？

　一般來說，主力布局一檔股票的時間大多為3個月，也就是一季，所以花2～3週來觀察個股的時間完全充足，還有時間讓你去多找幾檔股票。至於第二個問題，其中當然是不能選擇無法信用交易的股票，但最重要的是，5日成交均量最好要超過1500張，以免買賣不好進出，且造成股價震盪過大。

名次	股票代號/名稱	成交價	漲跌	漲跌幅	最高	最低	價差	成交張數	成交值(億)
1	2496 卓越	8.57	▲0.56	+6.99%	8.57	8.57	0.00	26	0.0022
2	6215 和椿	29.95	▲1.95	+6.96%	29.95	28.10	1.85	127	0.0374
3	4919 新唐	57.10	▲3.70	+6.93%	57.10	53.40	3.70	4,418	2.4973
4	2364 倫飛	6.52	▲0.42	+6.89%	6.52	6.30	0.22	12,706	0.8242
5	6283 淳安	13.25	▲0.85	+6.85%	13.25	12.45	0.80	1,775	0.2319
6	5533 皇鼎	21.90	▲1.40	+6.83%	21.90	20.50	1.40	3,454	0.7533
7	3406 玉晶光	180.00	▲11.50	+6.82%	180.00	169.00	11.00	3,978	6.9737
8	1715 亞化	22.10	▲1.40	+6.76%	22.10	20.70	1.40	10,143	2.1956
9	2357 華碩	230.50	△14.50	+6.71%	231.00	219.50	11.50	5,468	12.3763
10	1475 本盟	14.40	▲0.90	+6.67%	14.40	13.60	0.80	229	0.0324
11	6115 鎰勝	54.50	△3.30	+6.45%	54.70	52.80	1.90	2,128	1.1537
12	2369 菱生	21.05	△1.00	+4.99%	21.15	20.10	1.05	14,339	2.9753
13	1717 長興	34.80	△1.65	+4.98%	35.05	33.10	1.95	10,543	3.6320
14	2345 智邦	23.85	△1.05	+4.61%	23.85	22.90	0.95	39,945	9.3263
15	3054 萬國	16.00	△0.70	+4.58%	16.00	15.30	0.70	103	0.0160

資料來源：Yahoo奇摩股市 http://tw.stock.yahoo.com/

　　上面是雅虎股市的網頁，只要點選「當日行情」，就能看到當天的漲幅排行前100名的個股，點選股名就能看到當日的分時走勢圖。

　　可是總不能全部都選吧？這樣會看到頭昏眼花！據我的統計，其實選出20檔個股就已經足夠了，其餘再找出當日的強勢股操作，這樣就夠大家忙了！

「招式一：固定名單」重點整理

1. 選出股性活潑的個股列入觀察名單。

2. 每日振幅超過2%以上。

3. 觀察個股習性1～2週。

4. 5日成交均量大於1500張以上。

5. 當沖成本設定為1%。

6. 每日振幅微小的權值股並非當沖的首選名單。

7. 獲選為「當沖操作之標的」，應避免有「隔夜留單」的情形。

招式二：不選重複價格

操作選擇的股票除了跟分時走勢有關，也要注意日K線的走勢，因為股性除了當天之外，也包含長期股性。我們來看看以下2檔股票：

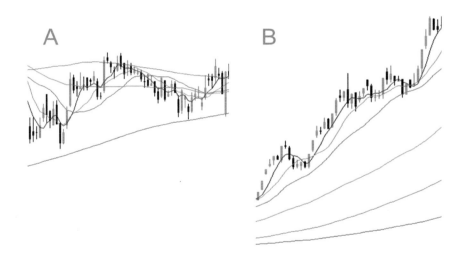

A

B

A股票的K線都是重疊整理，緩步下跌或上漲。

B股票的K線就屬於敢漲敢跌型，也是我們選擇的重點。

但是有時候還是會遇到盤整時期，那該怎麼辦？這時就要回去看過去半年以上的K線。這些股性活潑的股票，非常容易在大

盤止跌或整理時發動攻擊，所以只要了解它們的個性，對於波段操作也會相當有幫助！

講到這裡，就不得不說到金融股，由於該族群的資本相當大，股性也比較平穩。不過有時也會在政府政策的推動之下，出現整體攻擊的走勢。當這樣的狀況出現時，應注意此時不是以操作當沖為主，而是要開始波段操作喔！

那麼金融股就真的不能作當沖嗎？

其實也是可以的，金融股概略區分為：金控、保險、銀行、證券、期貨商……等等，其中保險、銀行、證券股的股性較為活潑。當政府護盤、外資拉抬結算時，仍是可以當沖操作。但是切記，金融股的當沖獲利目標要設定在1～2%左右，滿足就可停利出場了！

「招式二：不選重複價格」重點整理

1. 日K線的狀況會影響到分時線的走勢。

2. 不選K線重疊、緩漲緩跌型的個股。

3. 挑選振幅大、易大漲大跌型的個股操作。

4. 可以觀察6個月左右的日K線走勢來研判股性。

5. 金融股的當沖獲利可設定在1～2%左右。

招式三：獲利區間

在招式一的部分有提到，當沖的成本可設定為1%，好算又可以降低風險，因此當沖的獲利區間很容易就可以計算出來。舉例來說：股票每天漲停板是7%，而當股票在開始發動時，就要先扣除1%的成本，再加上頭尾進出場點的誤差設定為1～2%，故實際獲利區間約有3～4%。以一張股價100元的個股當沖的話，獲利扣除成本約在3,000～4,000左右。詳列如下：

▶ 股價：100

▶ 漲停：107

▶ 價差：107－100＝7

▶ 當沖成本：1%＝1

▶ 進出誤差：2%＝2

▶ 獲利區間：7－1－2＝4

所以計算獲利區間是非常重要的！假設今天有一檔要操作的個股開盤上漲2%，那麼獲利區間就會減少為1～2%。以一張股價100元的個股來計算，獲利扣除成本約有1,000～2,000左右。詳列如下：

▶ **股價**：100

▶ **開盤：上漲**2%＝102

▶ **漲停**：107

▶ **價差**：107－102＝5

▶ **當沖成本**：1%＝1

▶ **進出誤差**：2%＝2

▶ **獲利區間**：5－1－2＝2

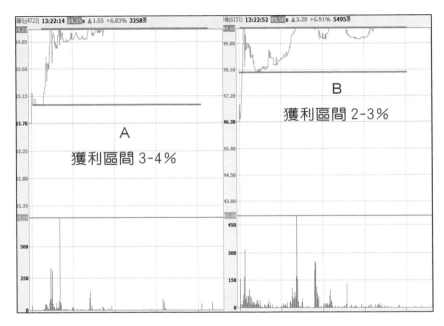

請參考以上簡圖：

A股票開盤漲1～0.5%，獲利區間3～4%。

B股票開盤漲2%，獲利區間2～3%。

由上圖可以很明顯看出來，當股票開盤上漲超過3%以上時，該檔股票就非常不適合拿來作當沖，因為利潤會被壓縮到1～2%，甚至是打平或小賠出場。例圖如下：

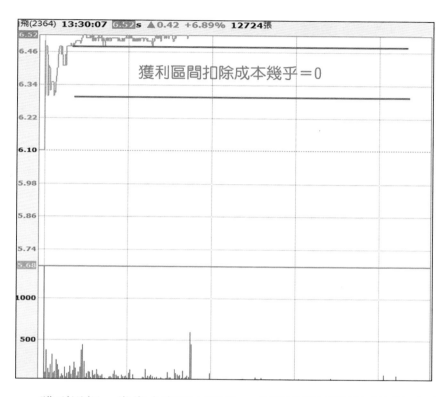

講到這裡，常常會有朋友問我：「漲停板打開拉回的股票可不可以拿來做當沖？」

讓我們試想看看，漲停板的鎖單量往往非常大，誰把漲停板打開？誰有能力賣出這麼多股票？尤其是從漲停殺到平盤？這可是一檔跌幅7%的跌停板股票！因此為了安全起見，我是不建議操作的！

「那從跌停打開漲回平盤的呢？」

這是強勢的買盤所致，也就是股價因為突如其來的利空打到跌停，主力為了解套而拉起來，讓自己先出貨。股價從跌停回到平盤，漲幅也剛好是一根漲停板，此時的買盤就要看主力的意圖了，所以我寧願多觀察一天，來判斷主力是否有繼續拉抬的意圖。

「但如果又從平盤漲到漲停板呢？」

從日線的角度來看，這可是出現二根漲停板，只要這種走勢出現，代表買盤非常強勢！那就不用以當沖方式來操作了，不是嗎？

「招式三：獲利區間」重點整理

1. 當沖成本設定為1%。

2. 進出場點誤差設定為1～2%。

3. 獲利區間：7%－開盤漲幅－進出場點誤差－當沖成本。

4. 開盤漲幅超過2%以上的股票，當沖獲利空間幾乎等於零。

5. 從漲停板打開的股票，儘量不要去操作當沖。

6. 從跌停板回到平盤的股票，看看就好。

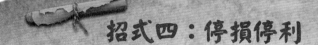

招式四：停損停利

這是一個比較有趣的課題，因為大多數的散戶操作當沖，見到股票大漲就捨不得獲利了結；看到股票跌卻反而留單！其實，當沖的停損、停利都是有規定的。前面幾招當沖招式有提到，當沖獲利的區間平均約在3～4％，如果稍微遲疑一下，就有可能產生虧損！所以我們可以透過利潤風險比，來聊聊這個惱人的課題。

舉例來說，當沖一檔100元的股票，獲利區間大約是3～4％，如果虧損1％，利潤風險比就有3～4倍。簡單來說，你冒著賠1元的風險，可以獲得3～4元的獲利，如果你冒著賠2元的風險，獲利倍數就會開始降低，假如你賠掉3元以上，這次的操作就完全沒有預期利潤可言。況且如果你賠掉3％，加上1％的當沖成本，漲停板也才7％，那就已經賠掉4％了，可以說是一次非常糟糕的操作。因此，我會把停損設定在1～2％，亦即當我停損時加上當沖成本，最多也只會賠2～3％。不過通常操作時很難會遇到這種情形。因為搭配其它判斷，其實很少會虧到3％以上。

這裡就要提到一個有趣的現象：股價往上攻擊後的拉回修正，往往也都在1％附近，大家有發現嗎？

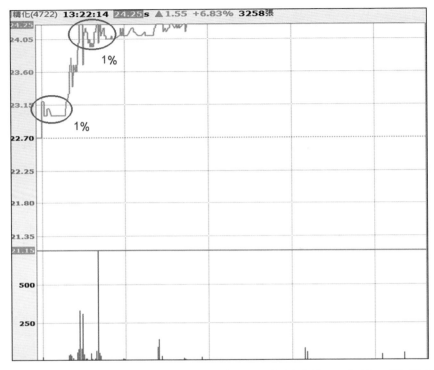

　　從以上圖例來看，發現除了當沖成本設定為1%之外，股價攻擊時的拉回修正也往往在1%附近。因此操作時，當拉回幅度超過1%後，就要開始站在賣出的思考。而談到價格的停損，就不得不提到橫軸的停損：時間。

　　在分享與操作的過程中，常常會看到朋友死抱一檔股票到收盤，問他為何不換股操作？得到的答案通常是「停損點還沒到」。我有做過一項概略的統計，一般一天單純操作當沖的次數都落在8～10次，這樣的效果是最好的，甚至做個5次就可以收

工了。因此我們來算算，台股一天交易的時間是4.5個小時，也就是有9個30分鐘，而以平均一天操作8～10次來看，每筆單的使用時間約在30分鐘，其實大部分的操作時間只要5～10分鐘就搞定了。因此，當一檔股票橫盤超過10分鐘，就要小心買盤減弱；超過30分鐘，那就要先拿回現金。不過有一種股票例外——權值股，它們可以一整天都在橫盤，問題是，前面已經有提到，這些股票並非我們當沖的主要標的。由此可知，除了價格的停損之外，時間上的停損也是非常重要的，當沖操作本來就是屬於積極性的買賣方式，總不可能抱一檔股票抱到收盤，而放棄其它的好標的。

最後談到停利，先來看看二張圖片：

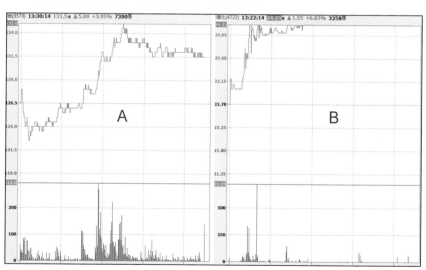

A股票在漲停板附近遇到賣壓，漲停打開。

B股票同樣也是如此，但最後鎖住漲停板。

我常常問朋友一件事：「如果你作當沖，當股票漲停鎖住時，賣還是不賣？」幾乎所有人都會跟我說不賣！問題是，這不就跟操作當沖的意義相反了嗎？不就是因為不知道明天走勢會如何，所以才操作當沖的嗎？聽到這裡，大家往往就陷入一片沉寂！其實，這些都不是重點啦！有賺到錢才是最重要的！

一般來說，我操作當沖時，會在股價攻到漲停板附近的第一筆買盤力竭時，預掛價位將股票賣出！若是買到直接攻漲停的股票，則直接掛賣單在漲停板，如果漲停打開，我也能在第一時間出掉股票，獲利入袋。如果到收盤都沒打開呢？那就見仁見智囉！想要多賭一把的，就等明天開盤時賣出；心臟不夠強的，還是在漲停板就把它賣掉吧！

其實，這些都不是什麼重要的問題，不是嗎？

有賺到錢最重要！

「招式四：停損停利」重點整理

1. 停損點設定1～2%。

2. 停利點在漲停板附近、買盤力竭時出場。

3. 直接攻漲停的股票，可以掛在漲停板等賣。

4. 時間的停損設定在10～30分鐘。

招式五：提高勝率

谷關突擊訓教官問我：「菜鳥，你幹嘛來受訓？」

「報告教官，報效國家！」

「那我為什麼要教你？」

「報告教官，也是報效國家！」

「那你在這裡學到什麼？」

「報告教官，報……」

「我告訴你（大吼）！你要學的就是：不要剛上戰場就被敵人一槍幹掉！知道嗎？菜鳥！」

「報告教官（大吼），知道！」

過去我常常看見股票漲就去搶，沖錯了就砍掉，長期下來除了沒賺到錢，還做一堆白工，後來看到投資人也跟我過去有共同的問題，我們總是拿著一把槍就直接上戰場，看到黑影就開槍，反正總會有打中的一次。老實說，當我還在受訓、每天被操到連吃飯拿筷子都得雙手拿時，我真不知道自己上戰場能不能避免被一槍給幹掉，但我學到最重要的一點就是，能很快看清戰場情勢！當沖也是一樣，有些地方可以出手，有些地方一露出頭來，馬上就成為敵人的標靶嘍！

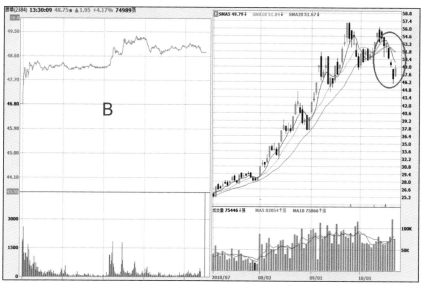

這二張圖可以看到幾個現象：

1. A股票今天開盤的位置就高於昨天K線。

2. B股票開盤的位置卻接近昨天K線的下方。

3. A股票的買盤很順。

4. B股票的買盤一到昨天K線上緣就遇到強大賣壓。

從以上4點我們可以得到幾個結論：

1. 開盤位置對當沖來說非常重要。

2. 位置高於昨天K線的價格壓力區，攻擊就能源源不絕。

3. 如果開盤低於昨天K線的1／2，攻擊就容易受阻。

因此，長期觀察下來就能得到一個很明確的數據，當要操作的股票當天開盤位置高於昨天K線的1／2～2／3時，一旦發動攻擊，就很容易攻上漲停；一旦開盤低於昨天K線1／2以下時，任何攻擊都會有拉回的可能！所以當我們每天要操作時，操作標的開盤的位置就相對重要，這也呼應前面我所提到「一天的當沖名單20檔就已經很多了」，因為光看開盤就會眼花撩亂！

　　下頁的K線放大圖形就能很清楚地看出來，開盤位置點的重要性！如果能夠選擇正確的開盤位置來操作，就能提高當沖的準確率，也能減少失誤或亂追股票！

A

B

「招式五：提高勝率」重點整理

1. 開盤位置對於當沖來說非常重要。

2. 選擇開盤位置高於昨天K線一半以上的個股操作。

3. 開盤位置低於昨天K線一半以下個股，拉高容易遇到賣壓。

招式六：操作時間

　　相信每天當沖股票的投資人，絕大部分都是職業投資人，也就是從早上08：45期貨開盤，就一直坐到13：45期貨收盤的人。過去我在看盤時總是從頭盯到尾，尤其開始操作股票當沖後，更是一步也不敢離開，深怕漏失任何一次操作的機會。但是從以下這張圖可以發現，台股在某些時間的交易會比較熱絡，在部分時間裡則是很清淡，這或許與民俗的「民以食為天」有關！？大家先去吃飯了！

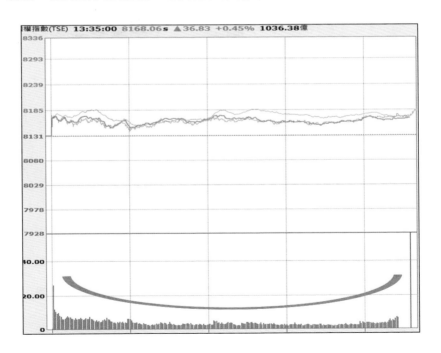

　　從上面的這張圖來看，台股交易比較熱絡的時間會在早盤1～1.5個小時，也就是在9點～10點30分這段時間；尾盤也是一樣，在12點～13點30分期間交易會比較熱絡。但是知道這些要幹嘛？其實，這也會影響到個股的走勢喔！

　　上一段有提到，開盤位置是非常重要的，而一般強勢股若要發動，也大多會在10點以前搞定，鎖住漲停。10點30分～12點這段時間就交給小散戶們去廝殺，尾盤又輪回到主力來為明天的開盤位置作價。因此，操作久了就會發現，一天最好操作的時間點是在早盤跟尾盤，根本不用整個早上都待在電腦前看盤。而且你會發現，當你開始這樣做的同時，績效跟生活品質也會跟著提升喔。

「招式七：操作時間」重點整理

1. 大盤一天交易較熱絡的有二個時段：9點～10點30分、12點～13點30分。

2. 個股當沖較為容易操作的時間也跟大盤一樣。

3. 主力在尾盤的布局是為了隔日的開盤。

招式七：比較法

以前在學K線戰法時，我總是為了一堆術語背得昏天暗地，例如多頭戰車、跳空雙鴨、乾坤雙劍……等等，我很好奇外國人沒有這些成語，會不會就變成股票白痴了？還是他們也有成語可以表達呢？

操作久了才發現，這些術語只是在建立一些基本觀念，K線的重點反而在於力道、趨勢、時間等等的判斷。當沖也是一樣，我常常看到很多投資人操作當沖時，拼命盯著5分鐘線看，甚至連1分鐘線都出來了，其實這些都只是非常細微的地方，有時候注意力放在太多小細節反而賺不到錢。

在這裡就分享一個常用的方法：比較法！

大盤的震盪會影響到個股的走勢，因此要做當沖，就要拿個股的分時走勢來跟大盤比較。至於要比較哪些？口訣如下：

1. 大盤創新低，股價沒破低，拉回可買進。

2. 大盤創新高，股價沒創高，反彈可先賣出。

「真這麼簡單？」是的，就這麼簡單！

操作不外乎這二句話而已！以下透過二張圖跟大家分享！

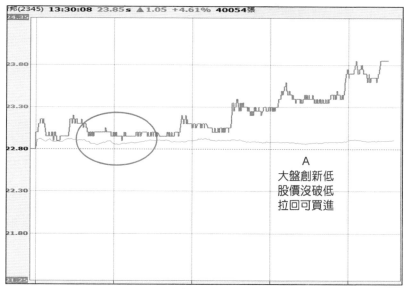

A
大盤創新低
股價沒破低
拉回可買進

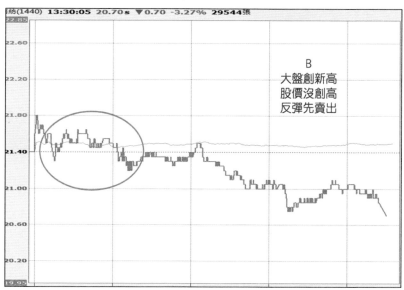

B
大盤創新高
股價沒創高
反彈先賣出

　　我常常發現很多人操作股票時，根本不管大盤的走勢，只是悶著頭盯著手中持股，殊不知大盤好壞，與個股非常有關係。舉例來說，當大盤連續重挫二天，往往會發現昨天還漲停的股票，今天直接殺到跌停；大盤連漲三天，一些名不見經傳的股票都會紛紛跳出來「贊聲（台語）」！

　　因此當沖操作也是一樣，要跟大盤比較當天的走勢。如果大盤跌破早盤低點，而股票並沒有跌破，就代表走勢上相對強勢，也容易有主力拉抬；如果大盤漲過今天高點，但股票並沒有創高，就代表走勢相對弱勢，有人趁著大盤上漲時偷偷賣股票給散戶！

　　「比較法」不僅能用在當沖，更能用在波段操作，舉凡K線、高低點、均線、成交量、技術指標比較……等等，都能用來判斷股票間的強弱走勢喔！

「招式七：比較法」重點整理

1. 大盤創新低，股價沒破低，拉回可買進。

2. 大盤創新高，股價沒創高，反彈站賣方。

3. 比較法不僅能使用在當沖，更能使用在波段操作。

招式八：支撐壓力線

　　當初在我使用這個技巧之前，通常是使用「CDP逆勢操作法」來判斷股價的壓力支撐點。這是一個非常好用且簡單的股價強弱分析，它的運用範圍非常廣，用在極短線的交易上效果更好，尤其是指數型商品。

　　但當我從好友那裡學到現在這個方法，經過測試後立刻就愛上它了，因為真的是很好用的「股價強弱判斷技巧」！

　　這是更為簡易的股價強弱判斷方法，與CDP逆勢操作系統不同的是，支撐壓力線是屬於固定點位的計算法。二種方法都有其好用之處，也有許多相似的地方，股價在其支撐壓力點位也會有與CDP相同的反應！判斷公式如下：

▶ **強多線**：上漲4.3%

▶ **中多線**：上漲2.4%

▶ **多空線**：下跌1.3%

▶ **中空線**：下跌2.6%

▶ **強空線**：下跌4.5%

當沖支壓線的特性：

1. **中多線至多空線：此區間為多空交戰區，若當日股價未突破此區間，走勢整理居多。**

2. **中多線至強多線：這是當沖最主要的獲利區間，一旦突破此區，代表多方力道強勁，多有漲停板表現。**

3. **中空線至強空線：一旦突破此區，代表空方力道強勁，多有跌停板表現，可在無放空限制個股當沖使用。**

這二種方法各有其適用的指數與個股，CDP適合用在各類指數與權值股的操作，當沖支壓點則適用於中小型股操作，其中的使用奧妙，就由各位去細細品味嘍！圖例如下：

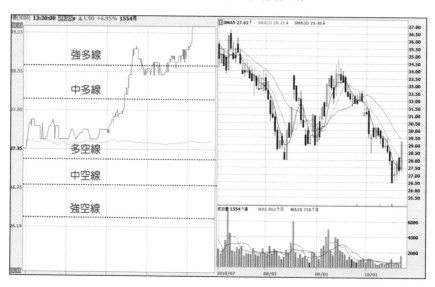

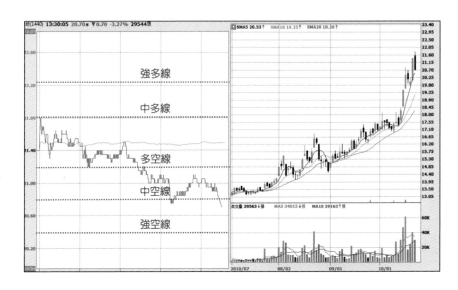

　　至於點位的部分並不用太多強調，因為這5條線只是代表支撐壓力的範圍，有時你會發現它很容易被突破或跌破，有時卻又充滿支撐與壓力的能量。分享過程中，有非常多的朋友喜歡斤斤計較點位，一元、一角都算得非常精準，其實這對交易與判斷並無多大幫助，站遠一點看，反而更能清楚價格的強弱！

「招式八：支撐壓力線」重點整理

1. 強多線：上漲4.3%

   中多線：上漲2.4%

   多空線：下跌1.3%

   中空線：下跌2.6%

   強空線：下跌4.5%

2. 中多線至多空線：此區間為多空交戰區。

3. 中多線至強多線：這是當沖最主要的獲利區間。

4. 中空線至強空線：一旦突破此區，代表空方力道強勁。

5. 點位的部分並不用太多強調，因為這5條線只是代表支撐壓力的範圍。

招式九：開盤法

「不要太信開盤法，用了會賠大錢！」

這是某天有位網友在我的部落格留言板裡寫的一句話，讓我對開盤法產生極大興趣，並花了很多時間研究！一開始我也被許多專業術語跟判斷方法搞得亂七八糟，操作也不順遂，後來有天靈機一動，把「股票箱」的概念加進來，因此讓我發現了另一個天地。配合招式八的支撐壓力線，用來判斷大盤走勢與預測當天行情的成功率相當高。

研究的這段期間，我每天到網路爬文，發現非常多投資人對於開盤法充滿許多怨懟，在此我針對一些大家常常認為開盤法不好用的部分，分享我的心得。如下：

1. 開盤法無法準確預測當天大盤走勢：

不瞞各位說，這句話是正確的，但因為這個方法是個統計值，透過3根K線、2個時間轉折，就要來預測變化莫測的大盤走勢，這是非常強人所難的！但它至少提供了許多有利的判斷參考要件，對於當沖操作的人來說非常好用。

2. 開盤法需要背誦一堆專有名詞：

這個問題在配合「股票箱」的概念之後，反而會非常清楚，也更對先人的發明感到佩服。

3. 開盤法需要常常計算點位：

這部分也能在「股票箱」的方法中得到解答。其實一切的計算都是為了輔助判斷K線的攻擊力道，操作久了就會發現，算得太細反而庸人自擾！

4. 最後這一點是我自己的發現：

開盤法要能提高判斷準確性，就一定要搭配當時的走勢來看，尤其是前一天的走勢更為關鍵。舉例來說，開出高盤在不同時間會有不同看法，就好比長紅K出現在低檔可能是攻擊訊號，在高檔就有可能變成買盤力竭。同樣地，如果昨天盤勢大跌百餘點，而今天早盤開出高盤，就容易出現賣壓逃命波，若早盤開出低盤，也有可能賣壓在開盤沒多久就宣洩完畢，然後尾盤大拉特拉一番！

總之，開盤法對於當沖操作者來說是非常方便的判斷輔助，懇切希望喜歡當沖的朋友多多研究開盤法，無論操作股票或是期貨等金融商品，它會是你最佳的助手。由於本書著重在個股當沖技巧分享，因此開盤法就留待下一次再跟大家討論！

在接下來的章節中，將透過更多的圖例與大家分享當沖操作的技巧！

請注意：

以上所論述的方法比較適用於一般散戶當沖時操作，資金較為龐大者，操作方法就要調整。有哪些不一樣的地方呢？

1. **選股方向不同。**

2. **使用「逆勢」操作系統。**

3. **尋求「安全」獲利點位。**

4. **資金分配比重。**

5. **停損位置設定。**

6. **開盤前後掛單方式。**

7. **操作策略運用（結合期貨）。**

這裡僅提出主要的差異點，由於也牽涉到法人的操作模式，其它較為細節的部分，未來再跟大家分享嘍！

NOTE

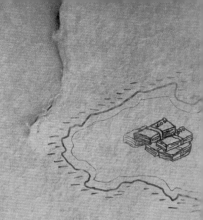

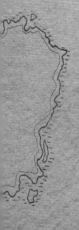

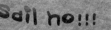 BON VOYAGE!!!

第二單元：比較法實戰操作

實戰成功操作

天氣：晴！

　　還記得金融海嘯那年的某一天，指數已經跌到7100點附近。早上看報紙時，「花X首席金融女分析師」發表了一篇報告，提到由於本土銀行的體質優良，因此股價已經超跌，首選金融龍頭2882國泰金控，評等表現優於大盤，目標價80元（當時價格65元附近）。雖然聽外資的話，在下跌2000點過程中拼命買股抱股，但仍然堅信外資就是我的救世主。因此我遵守「停損」的原則，把手上跌幅超過50%的股票賣出，全部轉為2882國泰金，並號召所有的親朋好友投入資金，甚至還幫大家上了一門基本面的課，大肆闡述本土金融業與美國華爾街投資銀行的不同，並將女首席分析師的報告提供給大家作為投資的強力依據！

　　一星期後，國泰金的線型開始整理，甚至還出現「開盤漲停一路鎖死到收盤」（還記得那天高高興興的跟家人去大吃一頓美食）。幾天後股價開始暴跌，很巧的是股價也常常出現「開盤就跌停一路鎖死到收盤」的走勢，但這段期間，首席分析師從來沒有出來說半句話或發表任何報告。我告訴自己外資快要拉抬股價

了，現在正在吃貨！當時很多朋友都已經停損出場，但我仍然堅信外資的報告，一路抱下去。

直到有一天，女分析師終於聽到我的千呼萬喚，發表報告了！其中提出二個重點：

1. **本土銀行由於購買大量的連動債，導致虧損需要大量提列，因此將金融股評價調整為「劣於大盤」，建議賣出！首選2882國泰金，目標價35元（我的成本在66元）。**

2. **本大小姐要離開投資銀行，到學校教書了！**

我看完電視後，心裡非常平靜，走到客廳落地窗前，看著外面的天空，心中只浮現一句話：「今天天空好晴朗，天氣晴！」

指數跌到3955那天，財經節目的女主持人一直非常「善心」的提醒大家：指數有可能跌破有史以來的最低點！當下我把手中的持股全數出清，換算下來，9859點到3955點，我的本金少了95%，而時間只有六個月！有趣的是，指數跌破4000點到3955後，再重新回到4000點，時間不到15分鐘，自此低點不再！

總結這一波下來，我創了自己人生與投資之路的幾項新紀錄：

1. 連續三天出現一開盤手上持股全數跌停，而且一路鎖死！

2. 9309點那天持股100%（不含融資）。

3. 3955點那天持股0%，持股全數砍在4000點。

4. 每月訂購的財經雜誌近十本，並且都有畫重點。

5. 每日早上06：00到晚上24：00，電視頻道全鎖定在財經台。

6. 六個月內本金縮水95%，並欠一屁股債！

7. 書架上全數都是巴菲特價值型投資的專業書籍，包含漫畫。

8. 每天每月省吃儉用，把錢省下來投資股票。

　　老實說，現在還能跟大家分享心得真的是奇蹟！不過既然蠢蛋如我都可以重新站起來，人生還有什麼可以打敗我們的呢？

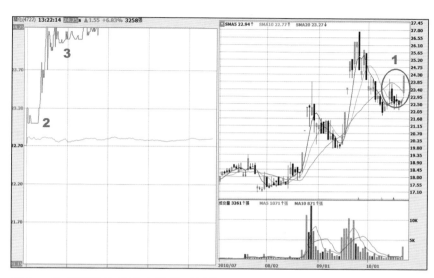

圖1：4722國精化分時走勢與K線圖

1. 開盤高於昨天K線的1／2。

2. 大盤跌破開盤低點時，股價沒有破早低與平盤，拉回時融資買進。

3. 接近漲停板附近止漲時融券賣出。

4. 單張獲利約3%（扣除交易費用）。

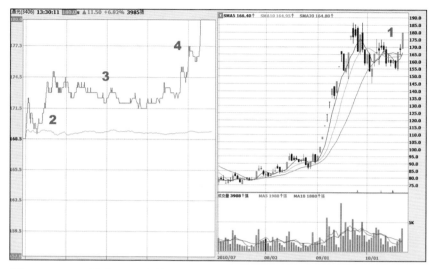

圖2：3406玉晶光分時走勢與K線圖

1. 開盤高於昨天K線的1／2。

2. 大盤跌破開盤低點時，股價沒有破早低與平盤。

3. 領先大盤創當日新高，拉回時融資買進。

4. 接近漲停板附近止漲時融券賣出。

5. 單張獲利約2%（扣除交易費用）。

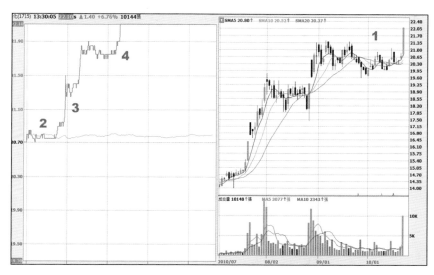

圖3：1715亞化分時走勢與K線圖

1. 開盤高於昨天K線的1／2。

2. 大盤跌破開盤低點時，股價沒有破早低與平盤。

3. 領先大盤創當日新高，拉回時融資買進。

4. 接近漲停板附近止漲時融券賣出。

5. 單張獲利約3%（扣除交易費用）。

圖4：2369菱生分時走勢與K線圖

1. 開盤高於昨天K線的1／2。

2. 大盤跌破開盤低點時，股價沒有破早低與平盤。

3. 領先大盤創當日新高，拉回時融資買進。

4. 買盤力竭時融券賣出。

5. 單張獲利約2%（扣除交易費用）。

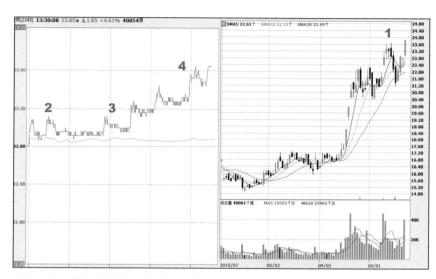

圖5：2345智邦分時走勢與K線圖

1. 開盤高於昨天K線的1／2。

2. 大盤跌破開盤低點時，股價沒有破早低與平盤。

3. 領先大盤創當日新高，拉回時融資買進。

4. 買盤力竭時融券賣出。

5. 單張獲利約2%（扣除交易費用）。

圖6：3264旺詮分時走勢與K線圖

1. 開盤高於昨天K線的1／2。

2. 大盤跌破開盤低點時，股價沒有破早低與平盤。

3. 領先大盤創當日新高，發動時追價融資買進。

4. 買盤力竭時融券賣出。

5. 單張獲利約2%（扣除交易費用）。

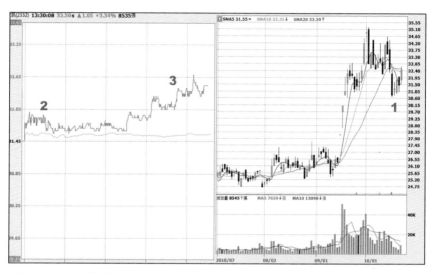

圖7：2332友訊分時走勢與K線圖

1. 開盤高於昨天K線的1／2。

2. 領先大盤創當日新高，拉回時融資買進。

3. 買盤力竭時融券賣出。

4. 單張獲利約2%（扣除交易費用）。

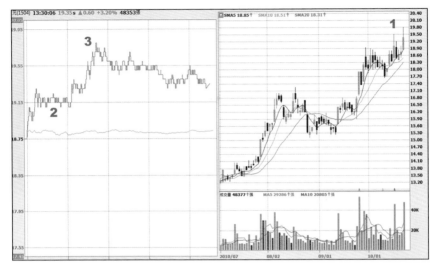

圖8：1504東元分時走勢與K線圖

1. 開盤高於昨天K線的1／2。

2. 大盤跌破開盤低點時，股價沒有破早低與平盤。領先大
   盤創當日新高，拉回時追價融資買進。

3. 買盤力竭時融券賣出。

4. 單張獲利約2%（扣除交易費用）。

圖9：2315神達分時走勢與K線圖

1. 開盤高於昨天K線的1／2。

2. 大盤跌破開盤低點時，股價沒有破早低與平盤。

3. 領先大盤創當日新高，發動時融資買進。

4. 買盤力竭時融券賣出。

5. 單張獲利約2%（扣除交易費用）。

圖10：3552同致分時走勢與K線圖

1. 開盤高於昨天K線的1／2。

2. 大盤跌破開盤低點時，股價沒有破早低與平盤。

3. 領先大盤創當日新高，拉回時融資買進。

4. 買盤力竭時融券賣出。

5. 單張獲利約2%（扣除交易費用）。

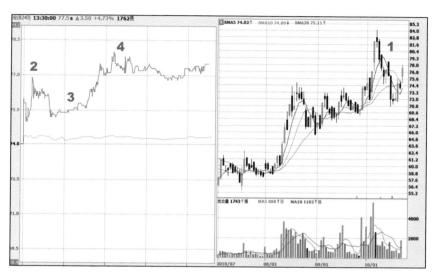

圖11：8240華宏分時走勢與K線圖

1. 開盤高於昨天K線的1／2。

2. 大盤跌破開盤低點時，股價沒有破早低與平盤。領先大
　 盤創當日新高，拉回時融資買進。

3. 買盤力竭時融券賣出。

4. 單張獲利約2%（扣除交易費用）。

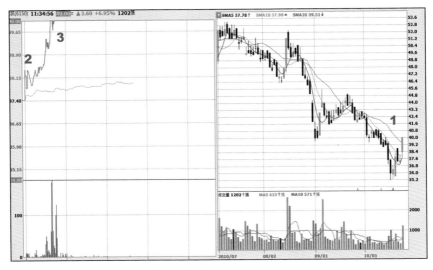

圖12：6150撼訊分時走勢與K線圖

1. 開盤高於昨天K線的1／2。

2. 領先大盤創當日新高，拉回時融資買進。

3. 接近漲停板附近止漲時融券賣出。

4. 單張獲利約4%（扣除交易費用）。

圖13：1323永裕分時走勢與K線圖

1. 開盤高於昨天K線的1／2。

2. 大盤跌破平盤與開盤低點時，股價沒有破平盤。

3. 領先大盤創當日新高，拉回時融資買進。

4. 接近漲停板附近止漲時融券賣出。

5. 單張獲利約4%（扣除交易費用）。

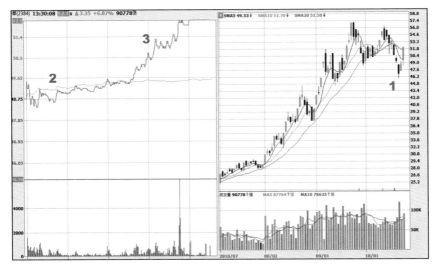

圖14：2384勝華分時走勢與K線圖

1. 開盤高於昨天K線的1／2。

2. 盤中領先大盤創當日新高，整理時融資買進。

3. 接近漲停板附近止漲時融券賣出。

4. 單張獲利約3%（扣除交易費用）。

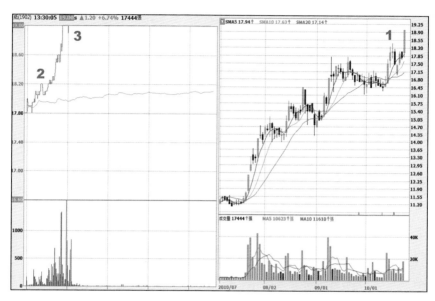

圖15：1902臺紙分時走勢與K線圖

1. 開盤高於昨天K線的1／2。

2. 領先大盤創當日新高，拉回時融資買進。

3. 掛漲停板融券賣出。

4. 單張獲利約4%（扣除交易費用）。

圖16：3049和鑫分時走勢與K線圖

1. 開盤高於昨天K線的1／2。

2. 盤中領先大盤創當日新高，拉回時融資買進。

3. 買盤力竭時融券賣出。

4. 單張獲利約2%（扣除交易費用）。

圖17：1905華紙分時走勢與K線圖

1. 開盤高於昨天K線的1／2。

2. 領先大盤創當日新高，追價融資買進。

3. 時間停利。

4. 單張獲利約2%（扣除交易費用）。

圖18：1313聯成分時走勢與K線圖

1. 開盤高於昨天K線的1／2。

2. 領先大盤創當日新高，追價融資買進。

3. 接近漲停板附近止漲時融券賣出。

4. 單張獲利約3%（扣除交易費用）。

圖19：6113亞矽分時走勢與K線圖

1. 開盤高於昨天K線的1／2。

2. 領先大盤創新高，拉回時融資買進。

3. 漲停板掛賣。

4. 單張獲利約2%（扣除交易費用）。

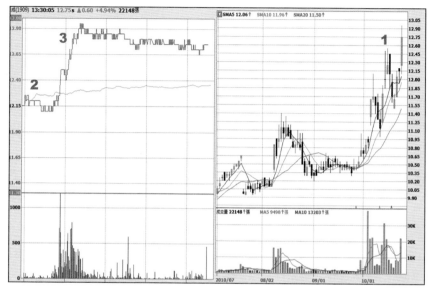

圖20：1909榮成分時走勢與K線圖

1. 開盤高於昨天K線的1／2。

2. 領先大盤創新高，追價融資買進。

3. 漲停板前止漲時，融券賣出。

4. 單張獲利約2%（扣除交易費用）。

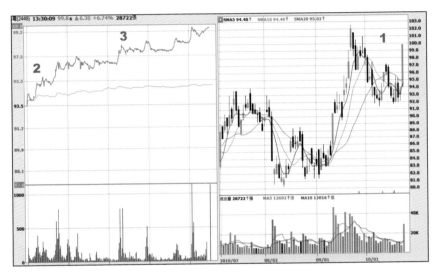

圖21：2448晶電分時走勢與K線圖

1. 開盤高於昨天K線的1／2。

2. 領先大盤創新高，拉回時融資買進。

3. 漲停板前止漲時，融券賣出。

4. 單張獲利約2%（扣除交易費用）。

圖22：1524耿鼎分時走勢與K線圖

1. 開盤高於昨天K線的1／2。

2. 領先大盤創新高，拉回時融資買進。

3. 漲停板前止漲時，融券賣出。

4. 單張獲利約3%（扣除交易費用）。

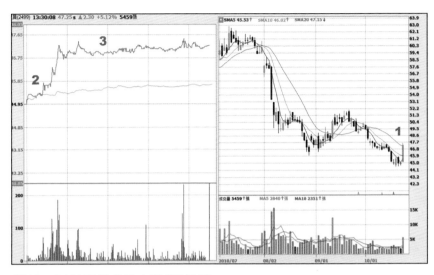

圖23：2499東貝分時走勢與K線圖

1. 開盤高於昨天K線的1／2。

2. 領先大盤創新高，拉回時融資買進。

3. 時間停利。

4. 單張獲利約2%（扣除交易費用）。

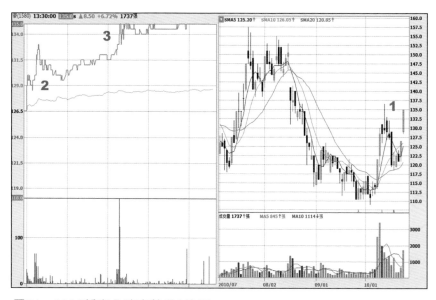

圖24：1580新麥分時走勢與K線圖

1. 開盤高於昨天K線的1／2。

2. 領先大盤創新高，拉回時融資買進。

3. 漲停板前止漲時，融券賣出。

4. 單張獲利約2%（扣除交易費用）。

圖25：2618長榮航分時走勢與K線圖

1. 開盤高於昨天K線的1／2。

2. 領先大盤創新高，拉回時融資買進。

3. 漲停板前止漲時，融券賣出。

4. 單張獲利約2%（扣除交易費用）。

圖26：3260威剛分時走勢與K線圖

1. 開盤高於昨天K線的1／2。

2. 大盤跌破開盤低點時，股價沒有破早低，拉回時融資買
　 進。

3. 漲停板融券賣出。

4. 單張獲利約3%（扣除交易費用）。

圖27：2049上銀分時走勢與K線圖

1. 開盤高於昨天K線的1／2。

2. 大盤跌破開盤低點時，股價領先創今高，拉回時融資買
   進。

3. 漲停板前止漲時，融券賣出。

4. 單張獲利約3%（扣除交易費用）。

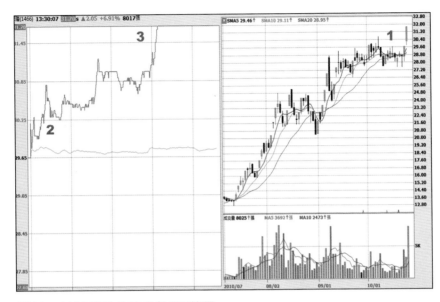

圖28：1466聚隆分時走勢與K線圖

1. 開盤高於昨天K線的1／2。

2. 大盤跌破開盤低點時，股價領先創今高，拉回時融資買
   進。

3. 漲停板前止漲時，融券賣出。

4. 單張獲利約2%（扣除交易費用）。

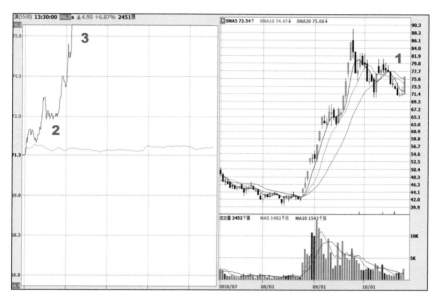

圖29：5530大漢分時走勢與K線圖

1. 開盤高於昨天K線的1／2。

2. 大盤跌破開盤低點時，領先今新高，拉回時融資買進。

3. 漲停板融券賣出。

4. 單張獲利約3%（扣除交易費用）。

圖30：3406玉晶光分時走勢與K線圖

1. 開盤高於昨天K線的1／2。

2. 大盤跌破開盤低點時，股價領先創今高，拉回時融資買
   進。

3. 漲停板前止漲時，融券賣出。

4. 單張獲利約2%（扣除交易費用）。

圖31：1210大成分時走勢與K線圖

1. 開盤高於昨天K線的1／2。

2. 領先大盤創新高，追價融資買進。

3. 多方二次上漲買盤力竭後，融券賣出。

4. 單張獲利約2%（扣除交易費用）。

圖32：3552同致分時走勢與K線圖

1. 開盤高於昨天K線的1／2。

2. 大盤跌破早盤低點，股價領先突破今高，拉回融資買
   進。

3. 漲停板前融券賣出。

4. 單張獲利約2%（扣除交易費用）。

圖33：5530大漢分時走勢與K線圖

1. 開盤高於昨天K線的1／2。

2. 大盤跌破早盤低點，領先突破今高，拉回融資買進。

3. 漲停板前止漲時，融券賣出。

4. 單張獲利約2%（扣除交易費用）。

圖34：2547飛宏分時走勢與K線圖

1. 開盤高於昨天K線的1／2。

2. 大盤跌破早盤低點，股價未破早低，拉回時融資買進。

3. 漲停板融券賣出。

4. 單張獲利約2%（扣除交易費用）。

圖35：4207環泰分時走勢與K線圖

1. 開盤高於昨天K線的1／2。

2. 大盤跌破早盤低點與平盤，領先突破今高，追價融資買進。

3. 漲停板前止漲時，融券賣出。

4. 單張獲利約2%（扣除交易費用）。

圖36：3443創意分時走勢與K線圖

1. 開盤高於昨天K線的1／2。

2. 大盤跌破早盤低點與平盤，股價橫盤整裡，拉回融資買
   進。

3. 二次上漲後融券賣出。

4. 單張獲利約2%（扣除交易費用）。

圖37：3406玉晶光分時走勢與K線圖

1. 開盤高於昨天K線的1／2。

2. 大盤跌破早低，領先突破今高，拉回時融資買進。

3. 買盤力竭時融券賣出。

4. 單張獲利約2%（扣除交易費用）。

圖38：3527聚積分時走勢與K線圖

1. 大盤跌破早低與平盤，股價領先回到平盤。

2. 領先大盤突破今天新高，追價融資買進。

3. 二次上漲後融券賣出。

4. 單張獲利約2%（扣除交易費用）。

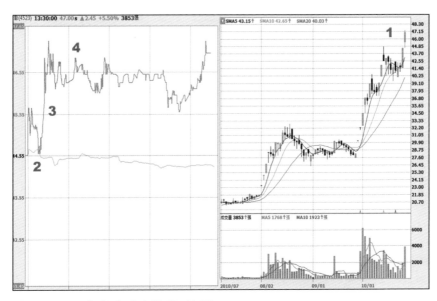

圖39：4523永彰分時走勢與K線圖

1. 開盤高於昨天K線的1／2。

2. 大盤跌破早低與平盤，股價卻未跌破平盤。

3. 領先大盤突破今天新高，追價融資買進。

4. 漲停板前止漲時，融券賣出。

5. 單張獲利約2%（扣除交易費用）。

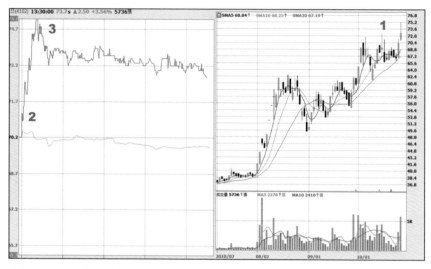

圖40：4102永日科分時走勢與K線圖

1. 開盤高於昨天K線的1／2。

2. 領先大盤突破今天新高，追價融資買進。

3. 漲停板前止漲時，融券賣出。

4. 單張獲利約2%（扣除交易費用）。

實戰失敗案例

真的假的？

老實說，第一次上恩師的課時，我告訴自己第二堂課絕對不要來了！為什麼？因為在股市裡賺到財富的人，應該穿西裝打領帶、開雙B，手上至少拿著星巴克的咖啡吧？怎麼會是一個像「肯德基爺爺」，背著一個破舊的電腦包包，又只穿涼鞋上課的老師呢？

更何況他一上課就跟大家說，他在9000點以上就將持股全數出清了，還在9309點後一路放空！那種感覺真是要我的命！第一堂課結束前，他還跟大家講，股市的買點即將出現，並要注意研究營建股！回到家後，家人問我上得如何？我回答：「下堂課不去了！」

幾天後營建股還是沒動，但我決定去聽聽恩師怎麼說，順便看看有沒有人去踢館！當時班上的同學很少，因為行情不好，散戶們都乖乖回到工作崗位，再也沒有人期望股市會上萬點，許多財經頻道也都轉成美食或旅遊節目——尤其算命節目更是大宗，或許大家都需要命理師指點迷津吧！回到正題，還真的有人去踢

館，但恩師只是笑笑的沒說半句話！回到家後，家人又問我上得如何？我回答：「下堂課不去了！」

　　星期一一開盤，營建股突然開始全面發動，不少股票瞬間漲停，買都買不到！之後那位踢館的同學再也沒來上課，倒是我每堂課都提早1小時到，並且專心的上課，努力的抄筆記，因為那時我好像看到了自己的未來，也找到自己的人生方向！有很多朋友懷疑地問著我，為何你可以那麼快就上手？我總是回答：「運氣好吧！」

　　我只需要每天花20個小時研究股票與讀書，半夜常常夢到股票跌停而嚇醒，電腦也隨時擺在身邊（連睡覺也是），然後過著一整年沒有星期六、日的生活；書局的技術分析書籍我也全數研究過，並且每天寫分析稿與讀書心得，還要讀報告與整理資料、寫教材……等等，當然還有把巴菲特的書籍全部給處理「資源回收」的阿桑（包含漫畫）！

　　一年多後，有次輪到我上課，我穿著牛仔褲、背著背包到教室，在接電腦與投影機時，有位大哥問我：「老弟，你也來聽股票課啊？」

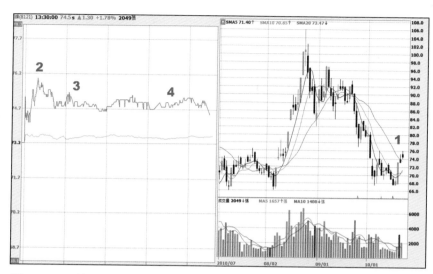

圖1：8121越峰分時走勢與K線圖

1. 開盤高於昨天K線的1／2。

2. 大盤跌破平盤與開盤低點時，股價沒有破早低與平盤。

3. 領先大盤創當日新高，拉回時融資買進。

4. 時間停損，融券賣出，小賺小賠出場。

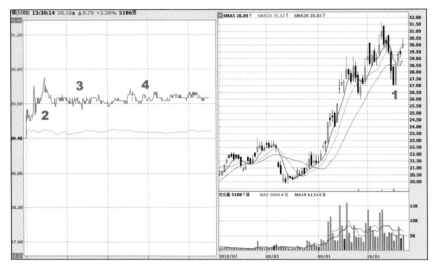

圖2：5388中磊分時走勢與K線圖

1. 開盤高於昨天K線的1／2。

2. 大盤跌破開盤低點時，股價沒有破早低與平盤。

3. 領先大盤創當日新高，拉回時融資買進。

4. 時間停損，融券賣出，小賺小賠出場。

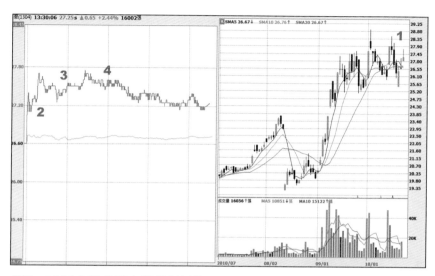

圖3：1304台聚分時走勢與K線圖

1. 開盤高於昨天K線的1／2。

2. 大盤跌破開盤低點時，股價沒有破早低與平盤。

3. 領先大盤創當日新高，拉回時融資買進。

4. 時間停損，融券賣出，小賺小賠出場。

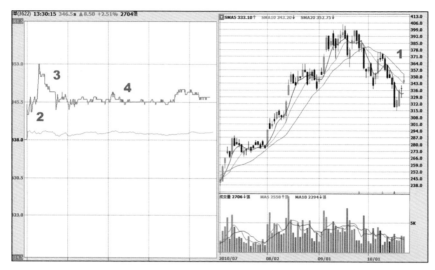

圖4：3622洋華分時走勢與K線圖

1. 開盤高於昨天K線的1／2。

2. 大盤跌破開盤低點時，股價沒有破早低與平盤。

3. 領先大盤創當日新高，拉回時融資買進。

4. 時間停損，融券賣出，小賺小賠出場。

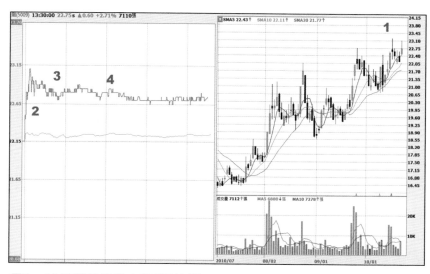

圖5：5009榮剛分時走勢與K線圖

1. 開盤高於昨天K線的1／2。

2. 大盤跌破開盤低點時，股價沒有破早低與平盤。

3. 領先大盤創當日新高，拉回時融資買進。

4. 時間停損，融券賣出，小賺小賠出場。

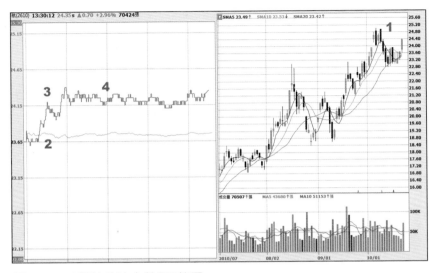

圖6：2610華航分時走勢與K線圖

1. 開盤高於昨天K線的1／2。

2. 大盤跌破開盤低點時，股價沒有破早低與平盤。

3. 領先大盤創當日新高，拉回時融資買進。

4. 時間停損，融券賣出，小賺小賠出場。

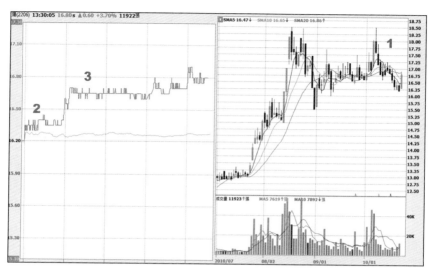

圖7：2206三陽分時走勢與K線圖

1. 開盤高於昨天K線的1／2。

2. 大盤跌破開盤低點時，股價沒有破早低與平盤。領先大
　 盤創當日新高，拉回時融資買進。

3. 時間停損，融券賣出，小賺小賠出場。

圖8：2363矽統分時走勢與K線圖

1. 開盤高於昨天K線的1／2。

2. 大盤跌破開盤低點時，股價沒有破早低與平盤。

3. 領先大盤創當日新高，拉回時融資買進。

4. 時間與價格停損，融券賣出，小賺小賠出場。

圖9：1537廣隆分時走勢與K線圖

1. 開盤超過昨天K線的1／2。

2. 領先大盤創當日新高，拉回時融資買進。

3. 時間停損，融券賣出，小賺小賠出場。

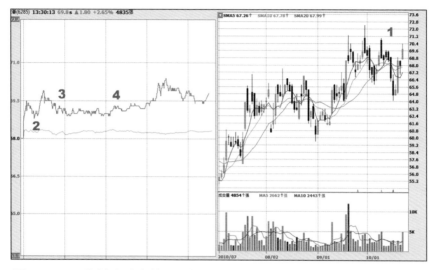

圖10：6285啟碁分時走勢與K線圖

1. 開盤超過昨天K線的1／2。

2. 大盤跌破開盤低點時，股價沒有破早低與平盤。

3. 領先大盤創當日新高，拉回時融資買進。

4. 時間停損，融券賣出，小賺小賠出場。

圖11：3311閎暉分時走勢與K線圖

1. 開盤超過昨天K線的1／2。

2. 大盤跌破開盤低點時，股價沒有破早低與平盤。領先大盤創當日新高，拉回時融資買進。

3. 時間停損，融券賣出，小賺小賠出場。

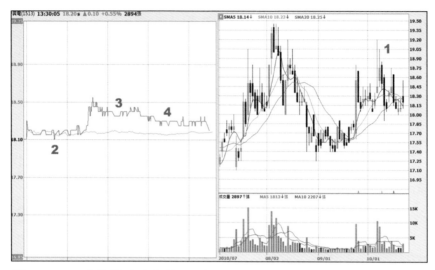

圖12：1513中興電分時走勢與K線圖

1. 開盤超過昨天K線的1／2。

2. 大盤跌破開盤低點時，領先大盤回到平盤。

3. 領先大盤創當日新高，拉回時融資買進。

4. 時間價格停損，融券賣出，小賺小賠出場。

圖13：8039台虹分時走勢與K線圖

1. 開盤接近昨天K線的1／2。

2. 大盤跌破開盤低點時，股價未破早低。

3. 領先大盤創當日新高，拉回時融資買進。

4. 時間停損，融券賣出，小賺小賠出場。

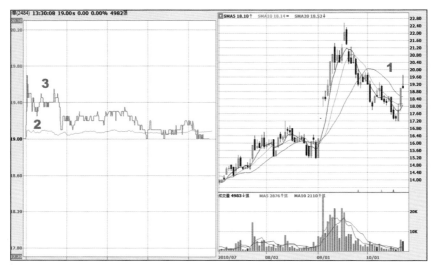

圖14：2484希華分時走勢與K線圖

1. 開盤接近昨天K線的1／2。

2. 大盤跌破開盤低點時，股價未破早低。領先大盤創當日
   新高，拉回時融資買進。

3. 價格停損，融券賣出，小賠1%出場。

圖15：3380明泰分時走勢與K線圖

1. 開盤接近昨天K線的1／2。

2. 大盤跌破開盤低點時，股價平盤整理。

3. 領先大盤創當日新高，拉回時融資買進。

4. 時間停損，融券賣出，小賺小賠出場。

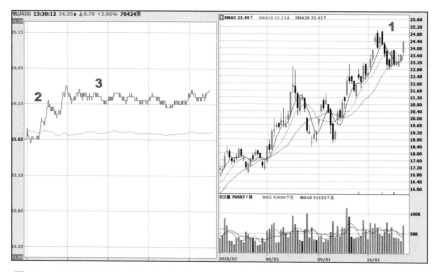

圖16：2610華航分時走勢與K線圖

1. 開盤超過昨天K線的1／2。

2. 大盤跌破開盤低點時，股價未破早低。領先大盤創當日
  新高，拉回時融資買進。

3. 時間停損，融券賣出，小賺小賠出場。

圖17：2609陽明分時走勢與K線圖

1. 開盤高於昨天K線的1／2。

2. 大盤跌破早盤低點，股價領先大盤突破今天高點，拉回融資買進。

3. 時間停損，融券賣出，小賺小賠出場。

圖18：6120輔祥分時走勢與K線圖

1. 開盤高於昨天K線的1／2。

2. 大盤跌破早盤低點，股價領先大盤突破今天高點，拉回
　　融資買進。

3. 時間停損，融券賣出，小賺出場。

圖19：1304臺聚分時走勢與K線圖

1. 開盤高於昨天K線的1／2。

2. 大盤跌破早盤低點，股價領先大盤突破今天高點，拉回
   融資買進。

3. 時間停損，融券賣出，小賺小賠出場。

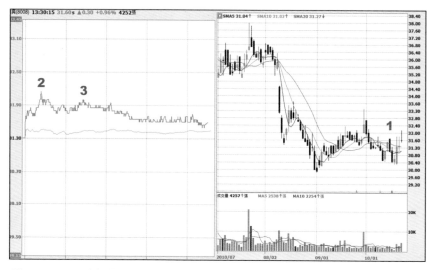

圖20：8008建興電分時走勢與K線圖

1. 開盤高於昨天K線的1／2。

2. 大盤跌破早盤平盤，股價領先大盤突破今天高點，拉回融資買進。

3. 時間停損，融券賣出，小賺小賠出場。

圖21：3519綠能電分時走勢與K線圖

1. 開盤高於昨天K線的1／2。

2. 大盤跌破早盤低點，股價卻未跌破平盤，拉回時融資買進。

3. 時間停損，融券賣出，打平出場。

圖22：1718中纖分時走勢與K線圖

1. 開盤高於昨天K線的1／2。

2. 股價領先大盤突破今天高點，拉回時融資買進。

3. 領先大盤跌破今低，小賠出場（扣除交易費用）。

圖23：1504東元分時走勢與K線圖

1. 開盤高於昨天K線的1／2。

2. 領先大盤創今天高點，拉回時融資買進。

3. 時間停損，融券賣出，小賠出場（扣除交易費用）。

圖24：1715亞化分時走勢與K線圖

1. 開盤高於昨天K線的1／2。

2. 股價領先大盤突破今天高點，拉回時融資買進。

3. 時間停損，融券賣出，打平出場（扣除交易費用）。

圖25：1225福懋油分時走勢與K線圖

1. 開盤高於昨天K線的1／2。

2. 股價領先大盤突破今天高點，拉回時融資買進。

3. 價格停損，融券賣出，打平出場（扣除交易費用）。

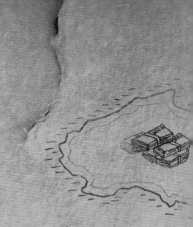

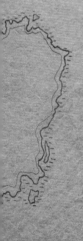

第三單元：價格支壓線實戰操作

還很嫩？

　　2009年的大行情讓我在短短時間內嚐到不少甜頭，加上持續研究期貨與各種技術分析，使得我開始說話變得大聲，態度變得驕傲，也不大按紀律做操作。甚至還在文章裡大放厥詞，自以為自此縱橫股市，無所不能，談笑間便能賺進龐大財富！

　　某次指數回檔跌破季線時，我既沒有高檔減碼，也沒有操作該操作的位階標的。反而緊抱著手中持股，甚至一直加碼，結果不到一星期，本金就賠掉超過20%，但我還是認為自己看得沒錯！

　　有天到教室聽恩師上課時，我發現他講課時一直對著看我，而我越聽越害怕，不知不覺汗流浹背。因為恩師講的每一個操作範例全是我當時的持股，他一檔一檔的分析哪裡做得好、哪裡做錯了。當下我慚愧得頭抬不起來，除了發現自己是多麼的無知之外，也非常感謝老師的照顧與提拔！直到現在想起這件事，我的眼眶還是常常泛紅！

　　下課後，我走到恩師旁但不知道要說什麼，只跟他說了聲：「老師，對不起！」恩師笑著說這條路還有很多困難等著我，就

算我再怎麼努力用功，還是要永遠戰戰兢兢！當下我才知道，自己還需要更努力、更用功、更學習，因為只有不停的學習，才能穩步踏實的存活於股市！

股票帶給我的，不只有資本利得與交易經驗而已，還有更多的處世道理。每一次的操作，都是一種決策與執行的磨練；每一次上台分享，都是經驗的累積與檢討自我缺失的機會；每一次的盤勢分析，都是訓練周全思考的時間；每一次的損失，都是與自己對話的時候；每一次的獲利，都是反省自己態度、發現深沉的契機；每一次的聽課，都是學習與傳承的重要功課。

我常跟自己說，我喜歡這份工作，我熱愛這份工作，再怎麼累、怎麼辛苦、怎麼挫敗，我都能甘之如飴。因為我天生就是吃這行飯的，只是我還很嫩、還在爬、還在學習。

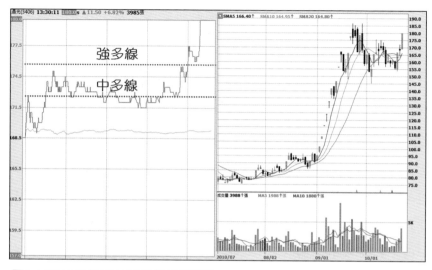

圖1：3043玉晶光分時走勢與K線圖

1. 股價在過中多線遇到壓力拉回整理。

2. 突破中多線後，直接越過強多線往漲停邁進。

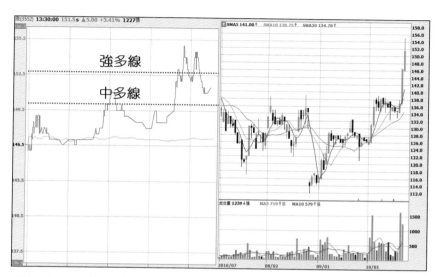

圖2：3552同協分時走勢與K線圖

1. 股價突破中多線後拉回，並來回震盪。

2. 突破中多線後，在強多線時遇到壓力整理。

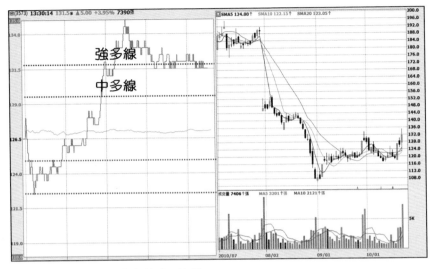

圖3：3573穎台分時走勢與K線圖

1. 股價中空線遇到支撐，整理後往多空線挑戰。

2. 在突破多空線後，多方開始轉強往中多線挑戰。

3. 突破中多線後在強多線遇到反壓。

4. 整理完後，便往漲停板挑戰。

5. 拉回時，強多線便形成支撐！

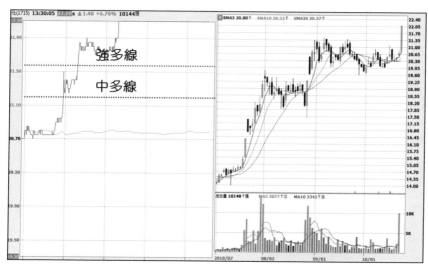

圖4：1715亞化分時走勢與K線圖

1. 股價在平盤附近整理等待。

2. 突破中多線，過強多線後拉回整理。

3. 多方力道非常強勢，往漲停板邁進。

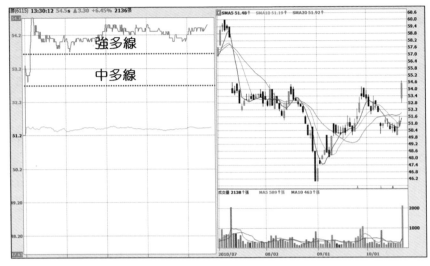

圖5：6115鎰勝分時走勢與K線圖

1. 股價開盤直接突破中多線，代表多方非常強勢。

2. 直接突破強多線後，直接往漲停板挑戰。

3. 拉回時，強多線反而成為支撐。

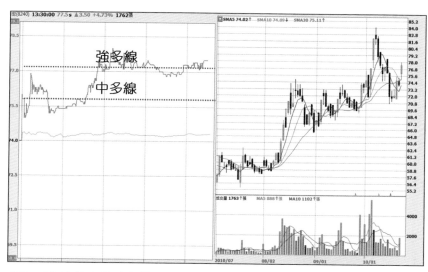

圖6：8240華宏分時走勢與K線圖

1. 股價突破中多線後，又跌破拉回整理。

2. 再次突破中多線後，便往強多線挑戰。

3. 遇到強多線反壓，便開始反覆整理測試。

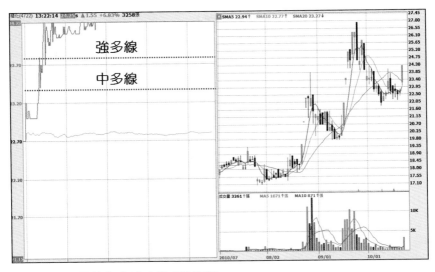

圖7：4722國精化分時走勢與K線圖

1. 股價突破中多線後，拉回測試支撐。

2. 強攻至強多線遇到反壓，拉回整理後再度進攻。

3. 突破強多線後，便往漲停板邁進。

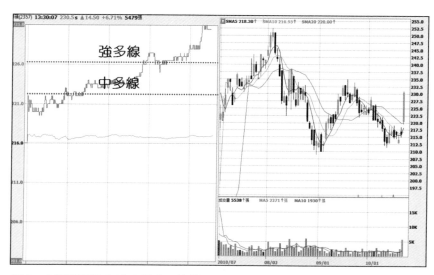

圖8：2357華碩分時走勢與K線圖

1. 股價在突破中多線後便往強多線挑戰。

2. 突破強多線後，便往漲停板邁進。

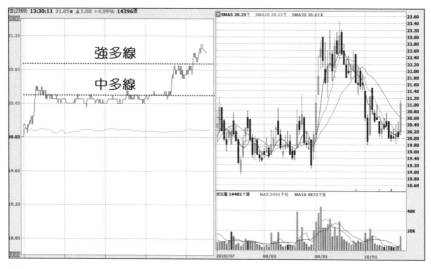

圖9：2369菱生分時走勢與K線圖

1. 股價遇中多線反壓，來回測試。

2. 突破中多線後，直接往強多線挑戰。

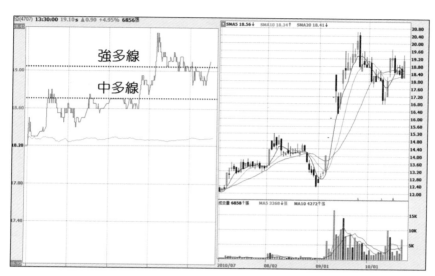

圖10：4707磐亞分時走勢與K線圖

1. 股價遇中多線反壓，來回測試。

2. 突破中多線後，直接往強多線挑戰。

3. 拉回時，強多線就形成支撐。

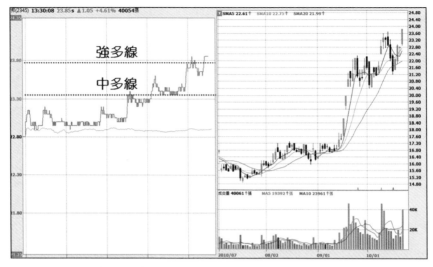

圖11：2345智邦分時走勢與K線圖

1. 股價在平盤附近整理等待。

2. 突破中多線後，直接往強多線挑戰。

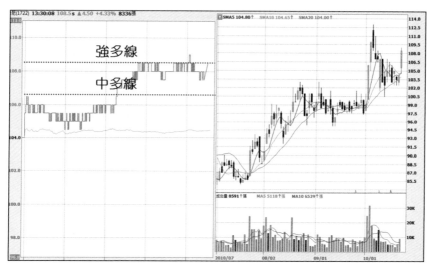

圖12：1722台肥分時走勢與K線圖

1. 股價在平盤附近整理等待。

2. 突破中多線後，直接往強多線挑戰。

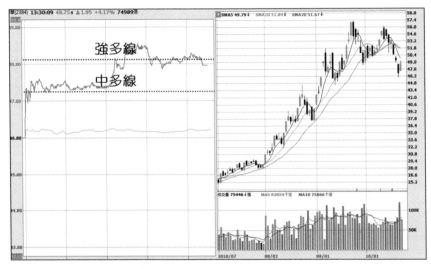

圖13：2384勝華分時走勢與K線圖

1. 股價越過中多線後，反覆測試支撐。

2. 挑戰強多線時，拉回整理。

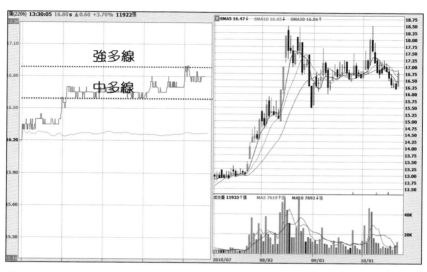

圖14：2206三陽分時走勢與K線圖

1. 股價在平盤附近整理等待。

2. 突破中多線後，來回測試支撐。

3. 整理完畢，便往強多線邁進。

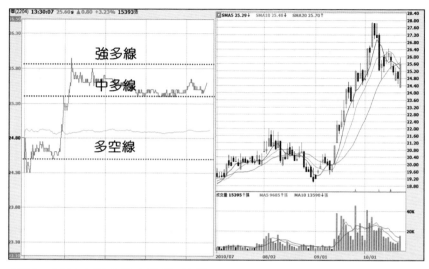

圖15：2204中華分時走勢與K線圖

1. 股價在多空線與平盤反覆整理。

2. 突破中多線後，遇強多線反壓拉回整理。

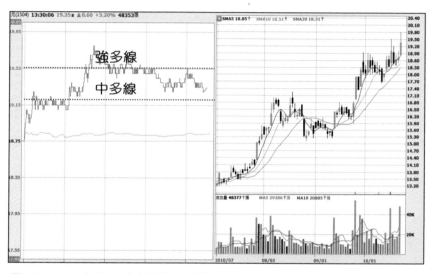

圖16：1504東元分時走勢與K線圖

1. 股價開盤後在中多線整理。

2. 連續突破中多與強多線後，遇到反壓拉回中多線整理。

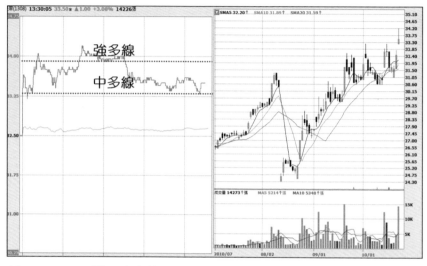

圖17：1308亞聚分時走勢與K線圖

1. 股價開盤站上中多線，代表多方氣勢強。

2. 在強多線遇到反壓後，拉回來回整理。

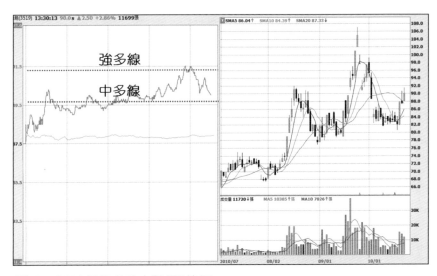

圖18：3519綠能分時走勢與K線圖

1. 股價遇到中多線反壓後來回震盪。

2. 突破中多線後，直接往強多線挑戰。

3. 強多線遇到反壓，拉回中多線形成支撐。

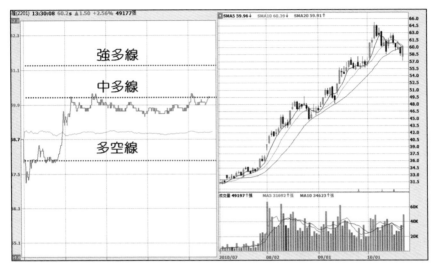

圖19：2201裕隆分時走勢與K線圖

1. 股價在多空線與平盤來回震盪。

2. 突破平盤後便往中多線挑戰。

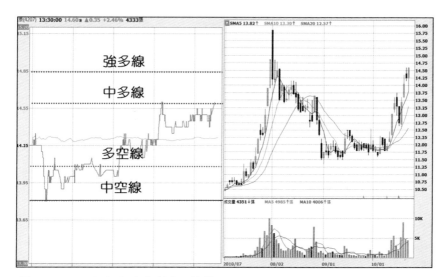

圖20：4207環泰分時走勢與K線圖

1. 股價在跌破多空線後，往中空線尋找支撐。

2. 反彈遇到多空線反壓來回整理。

3. 平盤整理完後挑戰中多線。

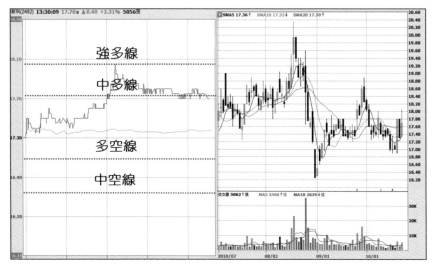

圖21：2492華新科分時走勢與K線圖

1. 股價在平盤附近整理等待。

2. 突破中多線後，便往強多線挑戰。

3. 遇到強多線反壓後，拉回中多線測試支撐。

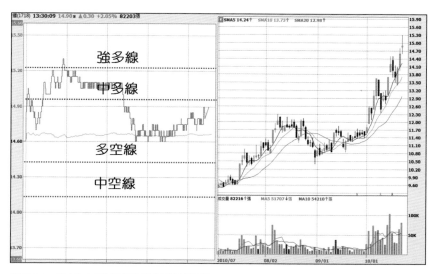

圖22：1718中纖分時走勢與K線圖

1. 股價突破中多線後，便往強多線挑戰。

2. 遇到強多線反壓後，拉回整理。

3. 跌破中多線後，便往平盤測試支撐。

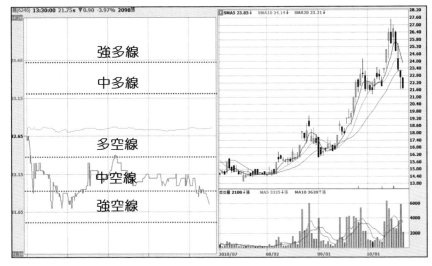

圖23：6246臺龍分時走勢與K線圖

1. 股價跌破多空線後，便往中空線測試支撐。

2. 在中空線與多空線來回整理後，再往強空線測試。

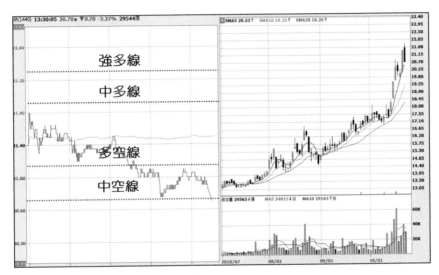

圖24：1440南紡分時走勢與K線圖

1. 股價跌破平盤後，便往多空線測試。

2. 跌破多空線後，便往中空線測試。

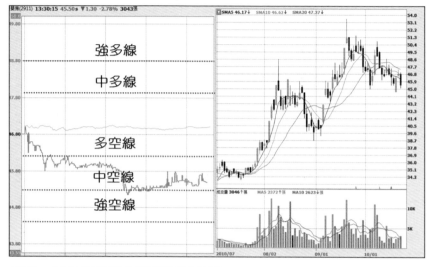

圖25：2911麗嬰房分時走勢與K線圖

1. 股價跌破多空線後，便往中空線挑戰。

2. 在中空線遇到支撐，來回震盪整理。

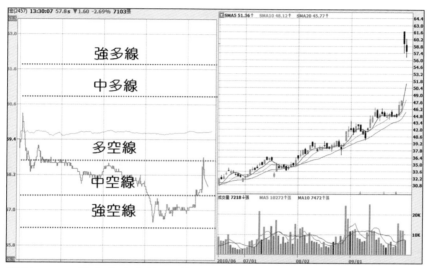

圖26：2457飛宏分時走勢與K線圖

1. 股價在多空線來回震盪整理。

2. 跌破多空線後，直接測試強空線。

3. 在強空線整理完後，便往中空線與平盤挑戰。

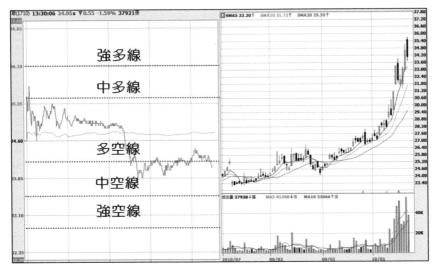

圖27：1710東聯分時走勢與K線圖

1. 股價往上遇到中多線反壓後，便往平盤測試。

2. 往下遇到多空線後來回震盪整理。

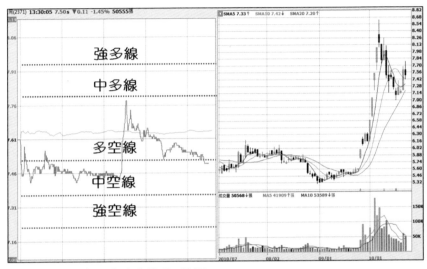

圖28：2371大同分時走勢與K線圖

1. 股價突破多空線後，便往平盤與中多線挑戰。

2. 拉回跌破平盤後，便往多空線測試支撐。

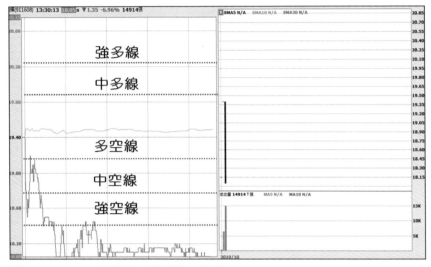

圖29：911608明輝分時走勢與K線圖

1. 股價跌破中空線後，反彈遇到多空線反壓。

2. 再次跌破中空線後，便往強空線挑戰。

3. 跌破強空線後，直接往跌停板邁進。

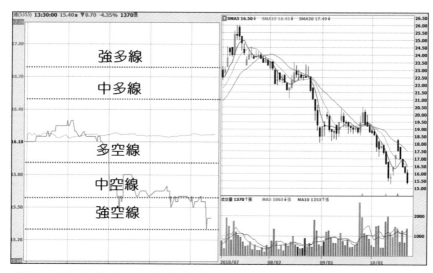

圖30：5355佳總分時走勢與K線圖

1. 股價跌破多空線後，往中空線挑戰。

2. 震盪整理完後，再次往強空線測試支撐。

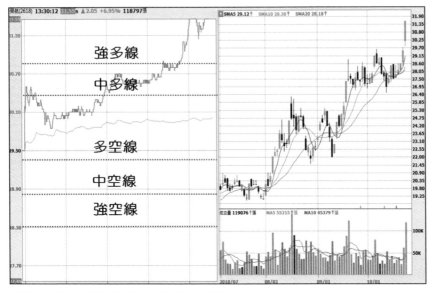

圖31：2618長榮航分時走勢與K線圖

1. 股價遇到強多線反壓後，拉回反覆測試支撐。

2. 突破強多線後，便往漲停板挑戰。

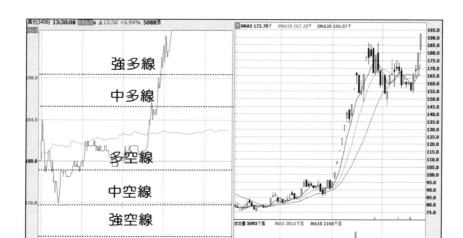

圖32：3043玉晶光分時走勢與K線圖

1. 股價在中多線以下來回整理測試。

2. 連續突破中多與強多線後，直接往漲停板挑戰。

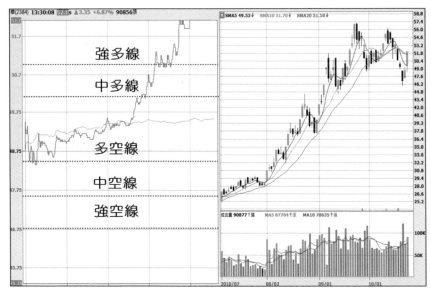

圖33：2384勝華分時走勢與K線圖

1. 股價早盤在平盤與中多線以下來回震盪。

2. 連續突破中多與強多線後，直接往漲停板挑戰。

3. 唯一有壓力的區間，會在漲停板附近。

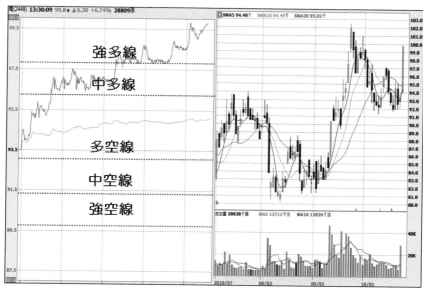

圖34：2448晶電分時走勢與K線圖

1. 股價突破中多線後開始整理。

2. 由於是大型股本股票，突破強多線整理完才往漲停板邁進。

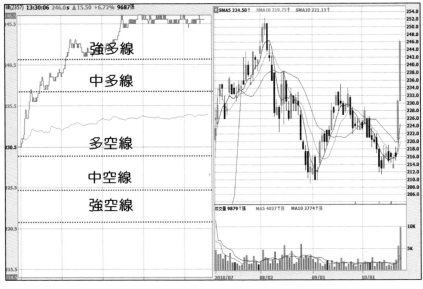

圖35：2357華碩分時走勢與K線圖

1. 股價直接突破中多線與強多線。

2. 突破強多線整理完後，便往漲停板挑戰。

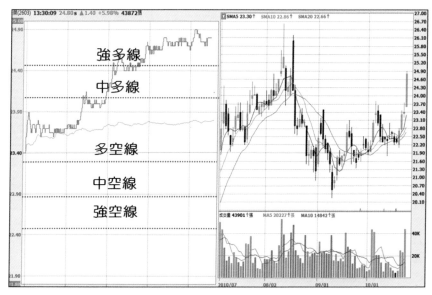

圖36：2603長榮分時走勢與K線圖

1. 股價遇到中多線反壓後，整理完才往強多線挑戰。

2. 由於是大型股本股票，強多線整理完後才有力氣繼續上
   攻。

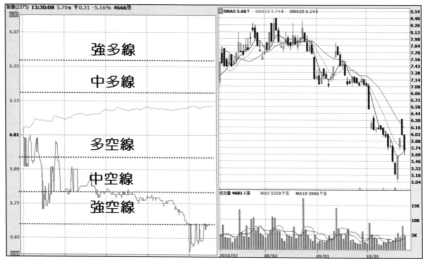

圖37：2375智寶分時走勢與K線圖

1. 股價跌破多空線後，便往中空線測試支撐。

2. 中空線無法抵擋賣壓，又往強空線測試。

3. 一旦跌破強空線，容易出現跌停板。

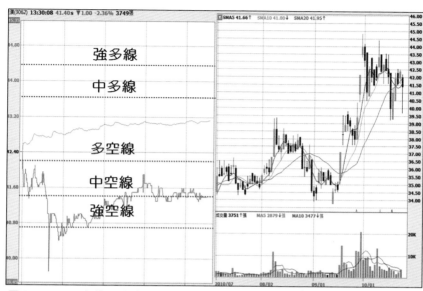

圖38：3062建漢分時走勢與K線圖

1. 股價跌破中空線後，便往強空線測試支撐。

2. 跌破強空線後，迅速拉回至強空線整理。

3. 一般出現這種現象，要特別注意低檔買盤的成本區。

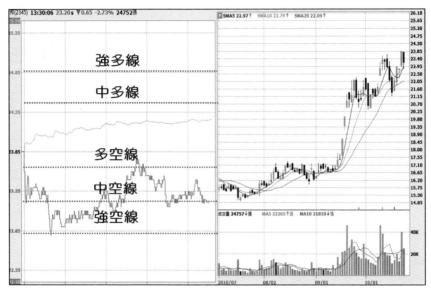

圖39：2345智邦分時走勢與K線圖

1. 股價跌破中空線，往強空線測試支撐。

2. 重新突破中空線後，就容易回來測試多空線。

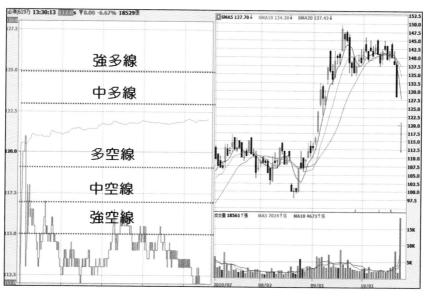

圖40：6197佳必琪分時走勢與K線圖

1. 一般這種線型都是屬於主力色彩濃厚的股票。

2. 要特別注意來回大幅震盪後收斂的區間。

3. 一旦低於強空線以下，代表賣壓仍然沉重。

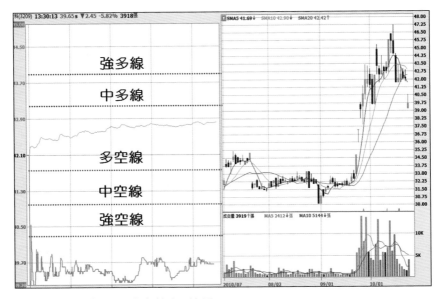

圖41：3209全科分時走勢與K線圖

1. 股價非常弱勢，一開盤立即跌破強空線。

2. 賣壓十分沉重，任何反彈都要站賣方。

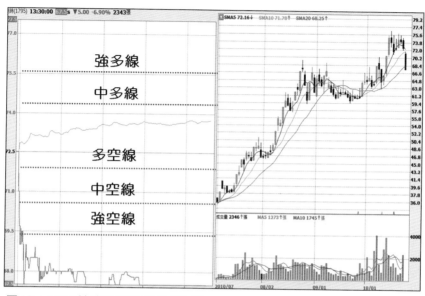

圖42：1795美時分時走勢與K線圖

1. 股價非常弱勢，一開盤立即跌破強空線。

2. 賣壓十分沉重，任何反彈都要站賣方。

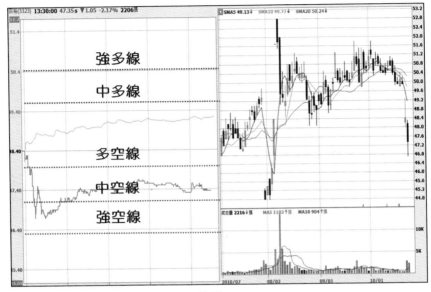

圖43：3323加百裕分時走勢與K線圖

1. 股價跌破中空線後，遇到多方抵抗。

2. 一般來說，股性較為不活潑的股票，容易在各區間震盪。

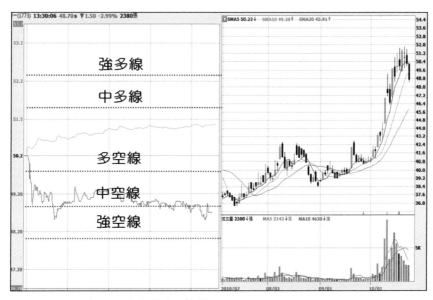

圖44：1773勝一分時走勢與K線圖

1. 股價在多空線與中空線來回整理等待。

2. 整理完畢後，股價移動方向很重要，且須注意明日開盤
   點位。

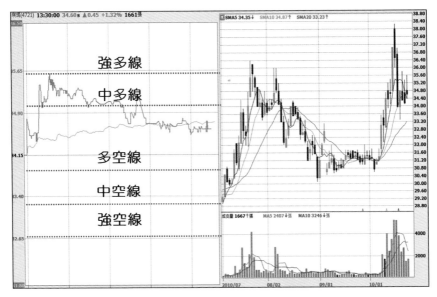

圖45：4721美琪瑪分時走勢與K線圖

1. 股價在強多線與中多線整理後，又跌破中多線。

2. 通常這樣的走勢多半是洗盤。

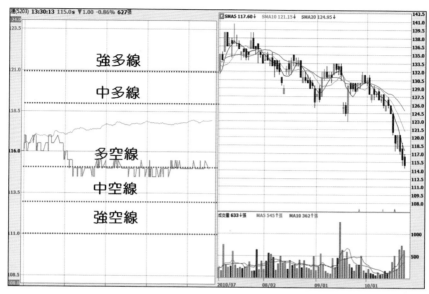

圖46：5203訊連分時走勢與K線圖

---

1. 通常股性平穩的股票，每天的振幅最多都在2%以內。

2. 來回的區間也都會在平盤與多空線附近。

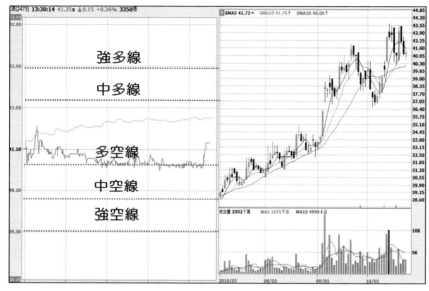

圖47：2473思源分時走勢與K線圖

1. 股價開盤後，在平盤與多空線之間震盪。

2. 一般來説在這個區間，代表多空沒有明確方向。

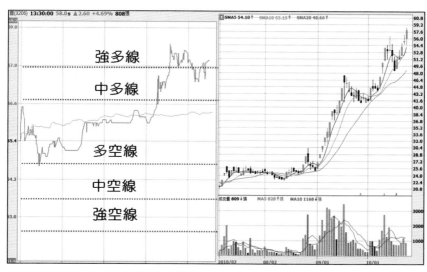

圖48：3206志豐分時走勢與K線圖

1. 股價在中多線與平盤之間來回整理。

2. 突破強多線後，拉回強多線測試支撐。

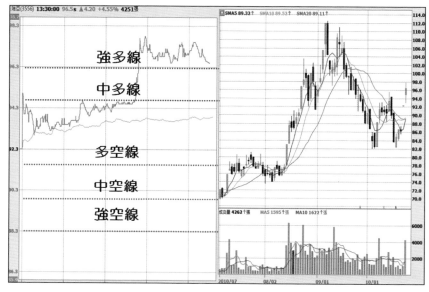

圖49：3556禾瑞亞分時走勢與K線圖

1. 股價在中多線遇到壓力。

2. 突破中多線與強多線後，拉回測試支撐。

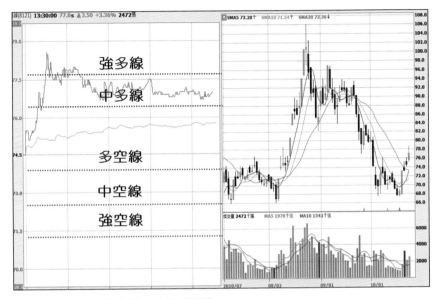

圖50：8121越峰分時走勢與K線圖

1. 股價在直接突破中多與強多線後，遇到反壓拉回。

2. 拉回時就會往中多線測試支撐。

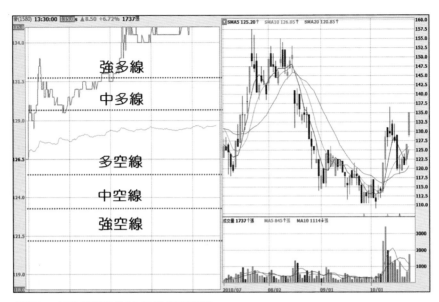

圖51：1580新麥分時走勢與K線圖

1. 股價拉回到中多線後，多方開始反擊，往強多線挑戰。

2. 突破強多線後，容易往漲停板挑戰。

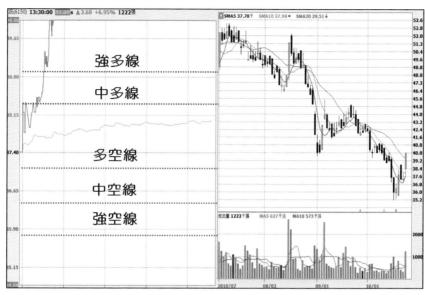

圖52：6150撼訊分時走勢與K線圖

1. 股價屬於多方強勢走勢。

2. 一般來說，10點以前出現這樣的走勢，通常都會強鎖漲
   停。

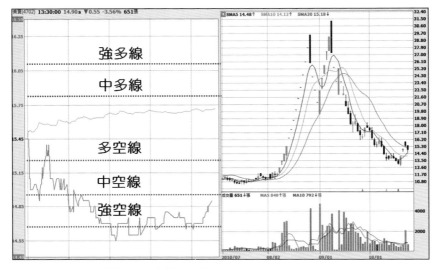

圖53：4702中美實分時走勢與K線圖

1. 股價在突破中多線後，拉回測試支撐。

2. 只要股價沒有站上強多線，一天的走勢大多都會在此區
　間來回震盪而已。

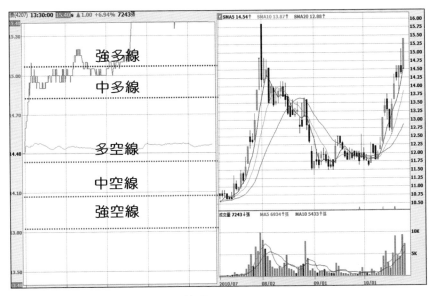

圖54：4207環泰分時走勢與K線圖

1. 股價開盤沒多久直接挑戰強多線，代表多方力道強勁。

2. 越過強多線反壓後，便往漲停板挑戰。

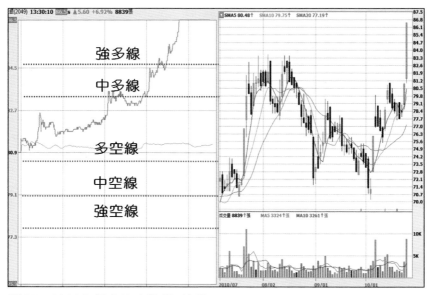

圖55：2049上銀分時走勢與K線圖

1. 一般來說，這種走勢的個股，股性都較為溫和。

2. 股價每突破一道關卡就需要休息再攻，當然也非常適合
   拿來做當沖標的使用。

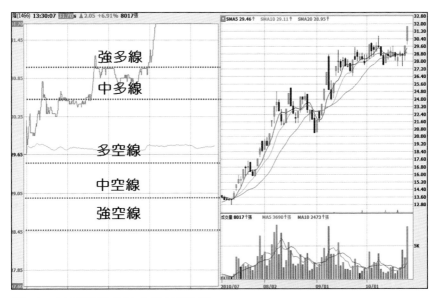

圖56：1466聚隆分時走勢與K線圖

1. 股價開盤便往中多線挑戰，遇到壓力後開始整理。

2. 挑戰強多線成功後，就會往漲停板邁進。

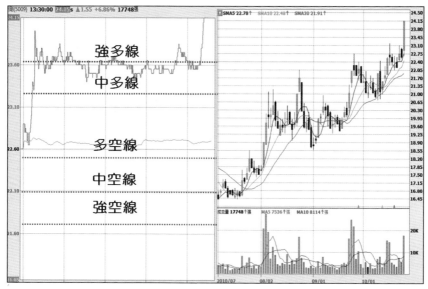

圖57：5009榮剛分時走勢與K線圖

1. 股價開盤後立即攻過強多線，目標就是漲停板。

2. 拉回到強多線整理後，只要守在這裡，尾盤就容易漲停。

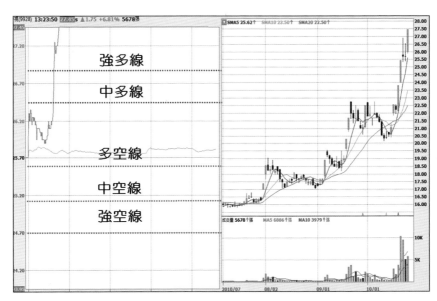

圖58：9928中視分時走勢與K線圖

1. 股價屬於超級強勢股。

2. 大部分會有這樣走勢的個股都是屬於主力股，因此操作
   上通常都是要追價才能買到。

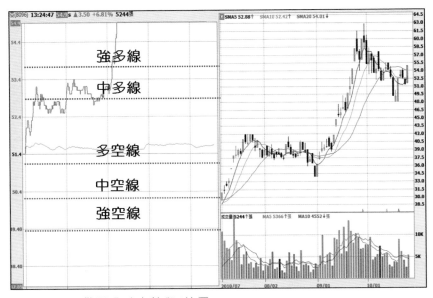

圖59：8096擎亞分時走勢與K線圖

1. 股價突破中多線後，來回震盪整理。

2. 整理完後直接突破強多線，這時只要發現角度越陡，就
   要注意容易強鎖漲停。

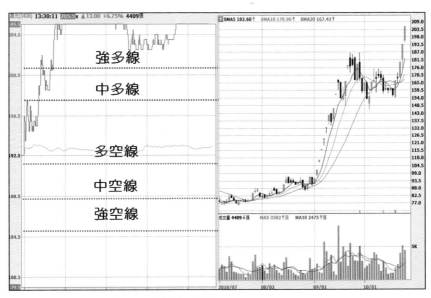

圖60：3406玉晶光分時走勢與K線圖

1. 股價開盤後立即往強多線挑戰，代表多方強勁。

2. 雖然漲停板打開，但只要不跌破強多線就無礙於攻擊。

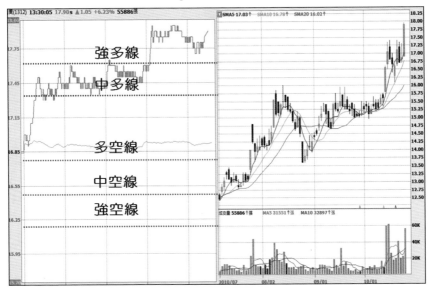

圖61：1312國喬分時走勢與K線圖

1. 股價開盤後突破中多線，來回整理後突破強多線。

2. 突破強多線就容易往漲停板挑戰。

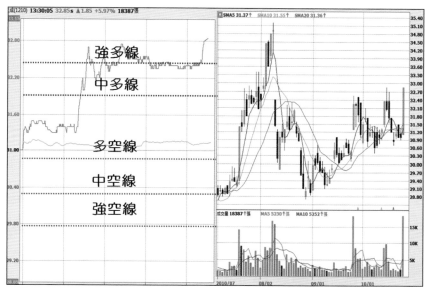

圖62：1210大成分時走勢與K線圖

1. 股價整理完後，直接突破強多線。

2. 強多線整理完後，便會往漲停板挑戰。

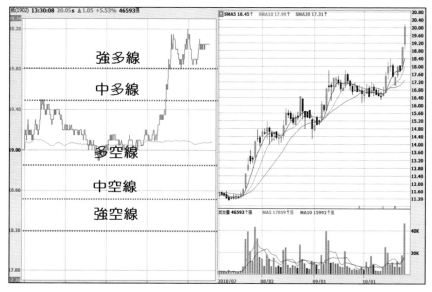

圖63：1902臺紙分時走勢與K線圖

1. 股價拉回多空線整理完後，會往早盤高點挑戰。

2. 連續突破中多線與強多線，便會往漲停挑戰。

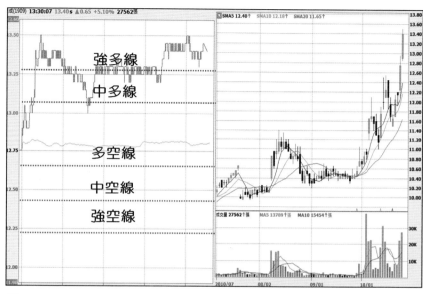

圖64：1909榮成分時走勢與K線圖

1. 股價開盤突破強多線後，遇到賣壓拉回到中多線遇到支
   撐。

2. 反彈遇到強多線整理後，便會挑戰今日早高。

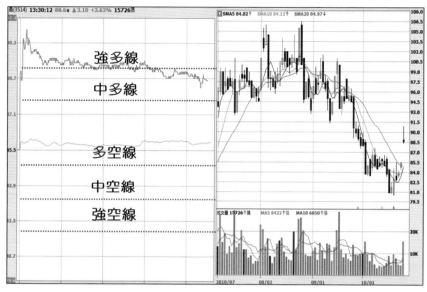

圖65：3514昱晶分時走勢與K線圖

1. 股價早盤突破強多線後，拉回整理完跌破。

2. 一般會出現這種走勢，代表有人逢高在調節股票。

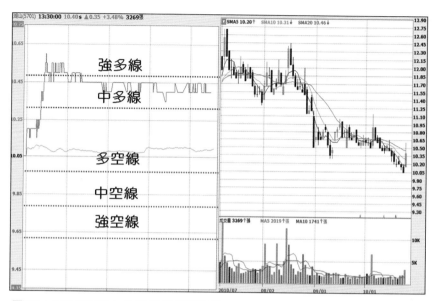

圖66：5701劍湖山分時走勢與K線圖

1. 股價開盤直接突破強多線。

2. 拉回直接跌破強多線後，容易出現震盪。

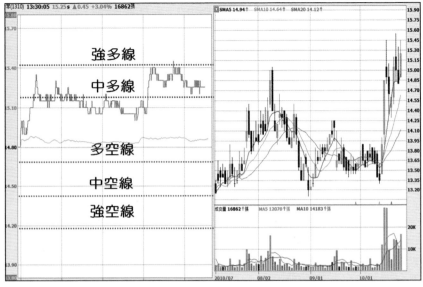

圖67：1310台苯分時走勢與K線圖

1. 股價突破中多線後，開始震盪整理。

2. 一般中大型股會在中多線與強多線中整理。

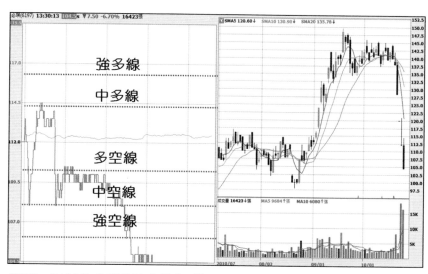

圖68：6197佳必琪分時走勢與K線圖

1. 股價開盤直接測試中空線，反彈都是要站賣方。

2. 整理完後再跌破強空線，就容易往跌停板邁進。

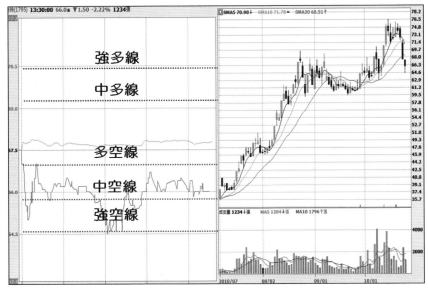

圖69：1795美時分時走勢與K線圖

1. 股價開盤跌破中空線，就算反彈還是要站賣方。

2. 跌破中空線後，會往強空線邁進。

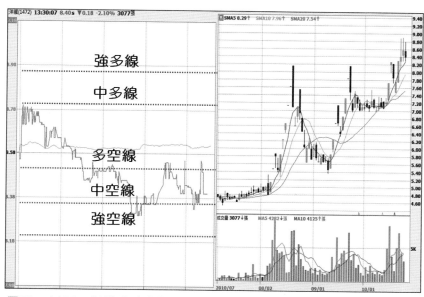

圖70：1472三洋纖分時走勢與K線圖

1. 股價開高走低，通常代表上檔壓力沉重。

2. 跌破多空線後，容易往中空線測試支撐。

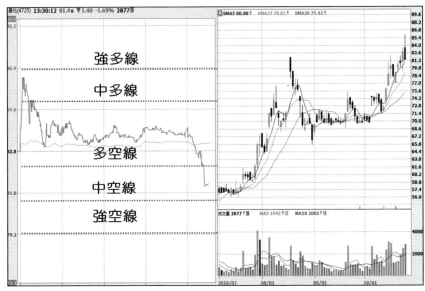

圖71：4725信昌化分時走勢與K線圖

1. 股價突破中多線又跌破，通常是上檔有賣壓出現。

2. 跌破平盤後，會往多空線測試。

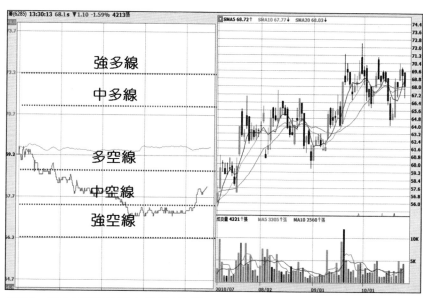

圖72：6285啟碁分時走勢與K線圖

1. 股價直接跌破多空線後，就往中空線測試。

2. 通常反彈只要能站穩中空線以上，代表下檔有買盤支
   撐。

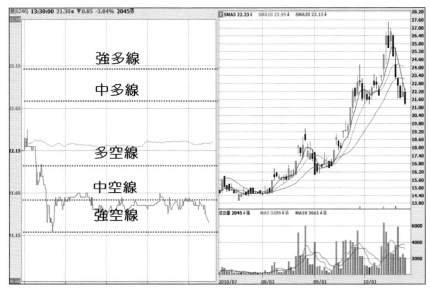

圖73：6246臺龍分時走勢與K線圖

1. 股票開盤沒多久立即來跌破中空線，代表賣壓沉重。

2. 此時須注意是否有低階買盤出現，但作多還是只能短
   作。

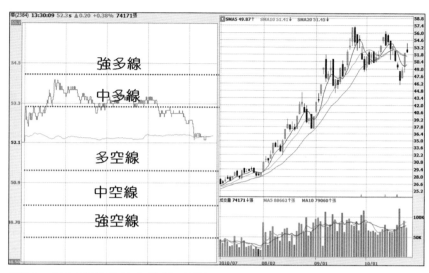

圖74：2384勝華分時走勢與K線圖

1. 股價突破中多線後又再度跌破，代表短線調節賣壓出現。

2. 只要不跌破平盤，代表股價多方仍然強勢。

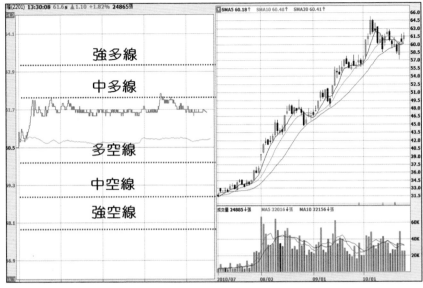

圖75：2201裕隆分時走勢與K線圖

1. 一般權值股每日震盪區間都會在中多線與多空線之間。

2. 就算突破中多線，也會做完整理後再繼續攻擊。

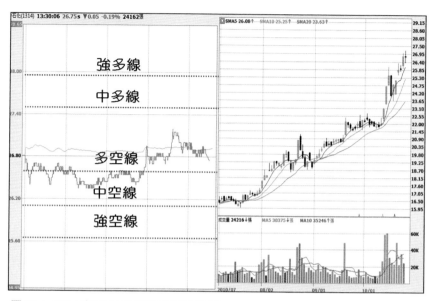

圖76：1314中石化分時走勢與K線圖

1. 股價在多空線遇到支撐，往上挑戰區首先會在平盤。

2. 一般權值股每日震盪區間都會在中多線與多空線之間。

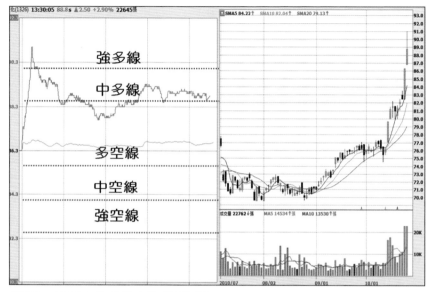

圖77：1326台化分時走勢與K線圖

1. 股價開盤沒多久便強行突破強多線，表示多方力量強勢。

2. 拉回時最忌諱再度跌破中多線，代表上檔調節壓力重。

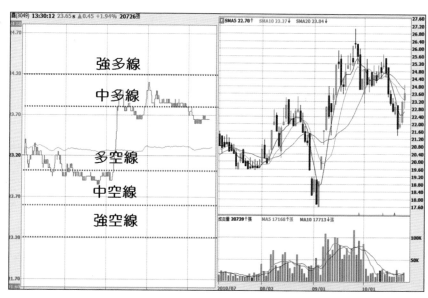

圖78：3049和鑫分時走勢與K線圖

1. 股價一口氣由平盤下拉到中多線以上。

2. 通常出現這樣的走勢時，在中多線附近還有力氣再攻擊一次，但須注意買盤隨時容易力竭。

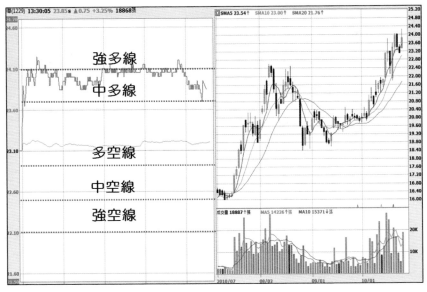

圖79：1229聯華分時走勢與K線圖

1. 股價開盤直接突破中多線，在強多線容易遇到反壓。

2. 通常一檔股票每天的震盪幅度約在2～3%，此時若去追高，容易被短套，拉回時也不能做太長。

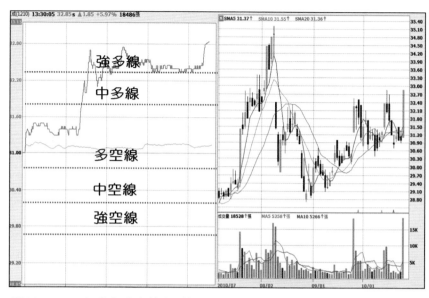

圖80：1210大成分時走勢與K線圖

1. 股價一口氣突破中多與強多線，代表多方強勁。

2. 但由於股本與股性關係，此時追價要注意是否還有力道
   上攻。

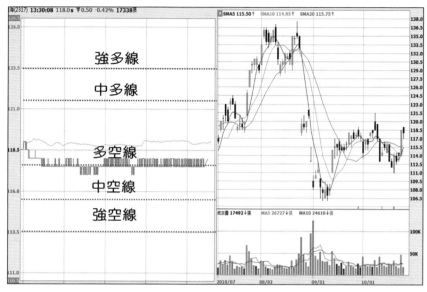

圖81：2317鴻海分時走勢與K線圖

1. 權值股的標準走勢。

2. 每日都在多空線與中多線震盪，振幅約在1～2%之間。

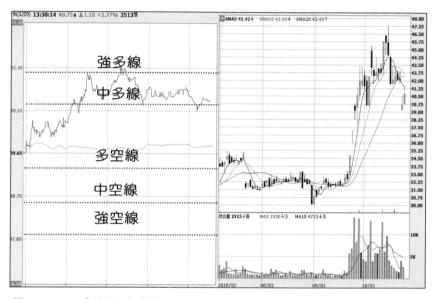

圖82：3209全科分時走勢與K線圖

1. 股價突破中多線後，拉回測試支撐。

2. 從日線的角度來看，今日轉強短線上都是要站賣方。

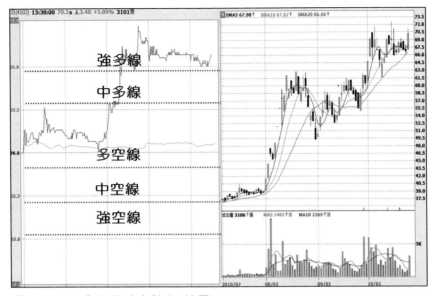

圖83：4102永日分時走勢與K線圖

1. 股價盤中一口氣直接拉過中多與強多線。

2. 這種走勢在操作上都是要追價，但須注意停損點的設立。

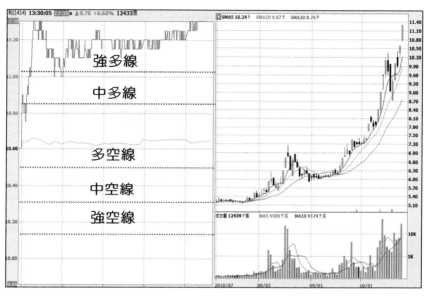

圖84：1414東和分時走勢與K線圖

1. 股價直接突破中多與強多線，代表多方強勢。

2. 拉回只要不跌破強多線，通常尾盤還會鎖漲停。

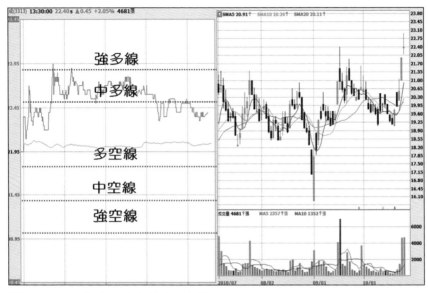

圖85：3313斐成分時走勢與K線圖

1. 股價突破中多線後開始整理。

2. 若再度跌破中多線，則須注意是否有人在高檔調節。

3. 從日線的角度來看，須注意隔日的開盤位置會有關於後
   續多空方向。

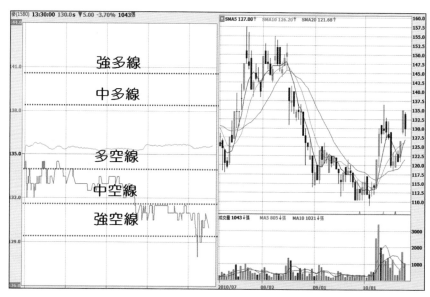

圖86：1580新麥分時走勢與K線圖

1. 股價屬於短線盤跌走勢。

2. 從日線角度來看，須注意今日盤中支撐點明日是否被跌破。

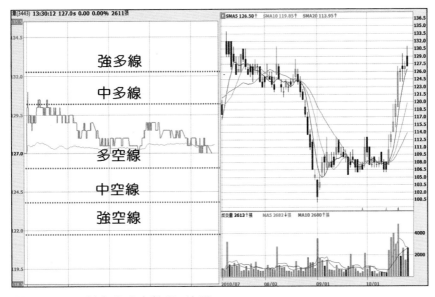

圖87：3443創意分時走勢與K線圖

1. 股價在中多線與多空線間震盪，代表多空都沒有明確方向。

2. 但從日線的角度來看，短線的拉回走勢反而有利多方。

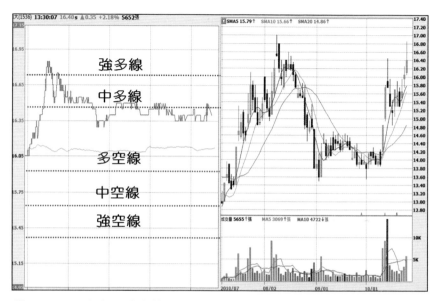

圖88：1536和大分時走勢與K線圖

1. 股價直接突破中多線與強多線後，拉回中多線整理。

2. 出現這種走勢要特別注意股價拉回的幅度，可以看出多
   空力道的方向。

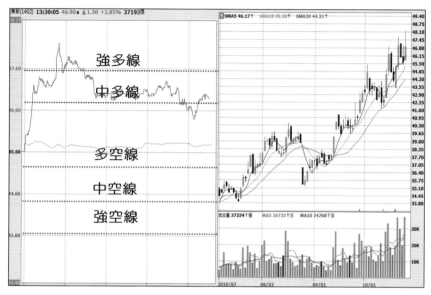

圖89：1402遠東新分時走勢與K線圖

1. 股價直接突破中多線與強多線後，拉回中多線整理。

2. 出現這種走勢要特別注意股價拉回的幅度，可以看出多空力道的方向。

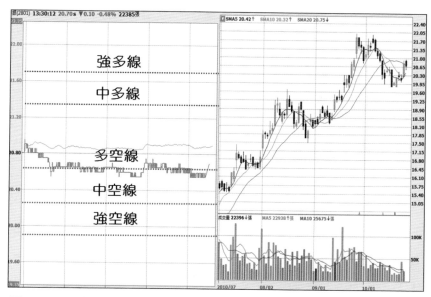

圖90：2801彰銀分時走勢與K線圖

1. 這是金融股的標準走勢。

2. 每天都會在中多線與多空線間震盪，振幅1～2%。

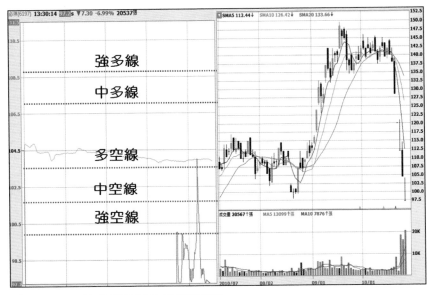

圖91：6197佳必琪分時走勢與K線圖

1. 開盤直接鎖跌停。

2. 一般這種走勢一打開都是要站賣方思考，很多投資人喜
   歡去接跌停板；老實說，股價要是能從跌停站回中空
   線，可是會比接跌停板安全很多。

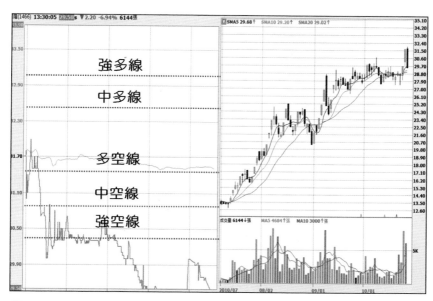

圖92：1466聚隆分時走勢與K線圖

1. 續注意當大盤在高檔時，股價出現這種走勢都要先調節。

2. 股價直接跌到強空線整理後，很容易往跌停板邁進，而且絕對不能接跌停板。

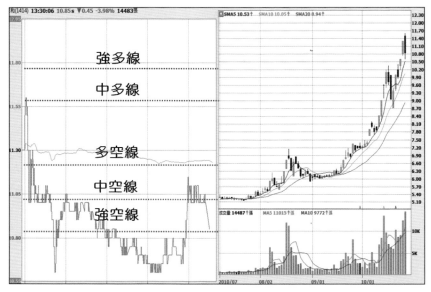

圖93：1414東和分時走勢與K線圖

1. 股價會出現這種走勢，代表上有壓下有稱。

2. 怎麼操作？股價收盤前不能站回中空線，一律站賣方。

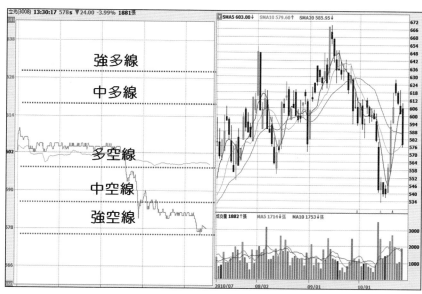

圖94：3008大立光分時走勢與K線圖

1. 股價直接跌破平盤、多空線、中空線，代表股價弱勢。

2. 任何反彈都是要站賣方或是調節比例。

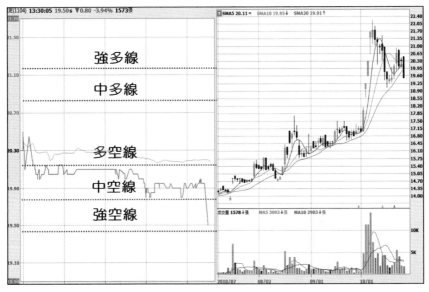

圖95：1104環泥分時走勢與K線圖

1. 股價在多空線與中空線之間震盪整理，此時須注意股價
   是否跌破10日均線。

2. 跌破10日線後，任何反彈均先站賣方思考。

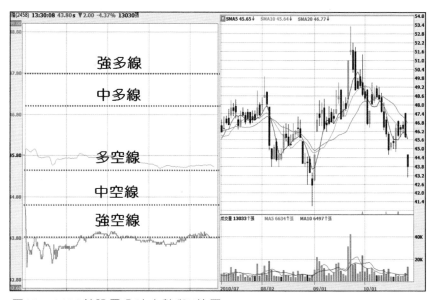

圖96：2458義隆電分時走勢與K線圖

1. 股價開盤直接跌破強空線，代表空方力道強勁。

2. 收盤時若無法站回中空線以上，任何反彈仍是要調節。

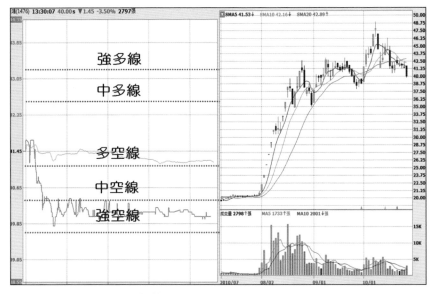

圖97：1476儒鴻分時走勢與K線圖

1. 股價直接跌破中空線，此時需要注意日線的走勢。

2. 一旦日線跌破10日線，操作上就要特別注意。

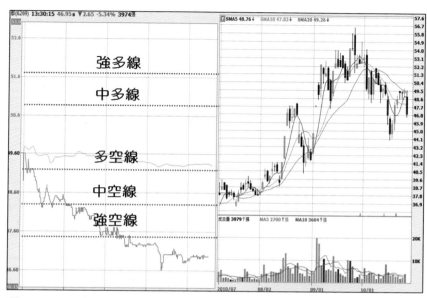

圖98：6269台郡分時走勢與K線圖

1. 股價跌破中空線與強空線，會直接往跌停板挑戰。

2. 收盤前無法站回中空線以上，短線任何反彈都要站賣
   方。

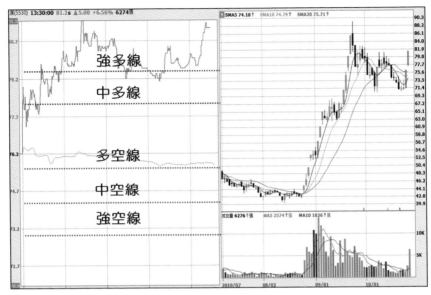

圖99：5530大漢分時走勢與K線圖

1. 股價開盤直接開在中多線以上，要注意是否跌破。

2. 突破強多線後，便容易往強多線挑戰。

3. 當指數短線在回檔時，這種股票就要特別注意。

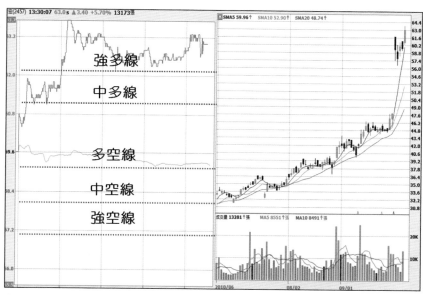

圖100：2457飛宏分時走勢與K線圖

1. 股價開盤直接開在中多線以上，要注意是否跌破。

2. 突破強多線後，便容易往強多線挑戰。

3. 當指數短線在回檔時，這種股票就要特別注意。

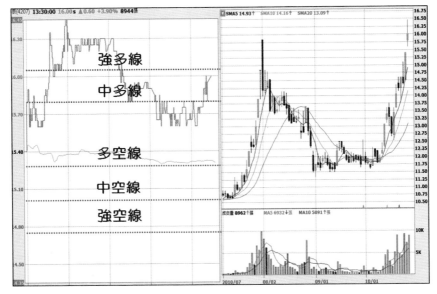

圖101：4207環泰分時走勢與K線圖

1. 股價直接突破強多線後，拉回在強多線附近整理。

2. 整理完後又跌破中多線，要特別注意短上有主力出脫。

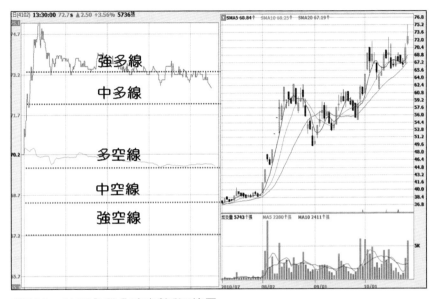

圖102：4102永日分時走勢與K線圖

1. 股價開盤瞬間拉到漲停，代表多方攻擊強勢。

2. 只要收盤仍然能維持在強多線附近，代表方線不變。

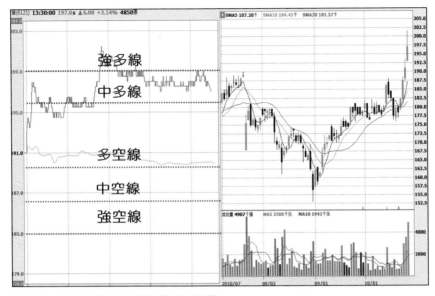

圖103：6121新普分時走勢與K線圖

1. 股價直接突破中多線後，開始震盪。

2. 突破強多線後又拉回中多線，隔日開盤位置就相對重
   要。

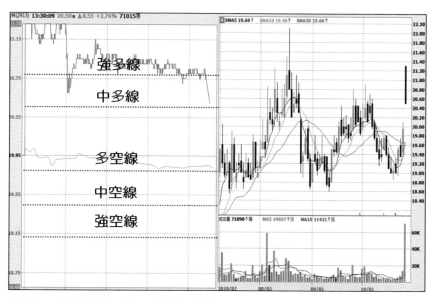

圖104：2913農林分時走勢與K線圖

1. 股價開盤漲停後，開始往回測試強多線。

2. 跌破強多線後，又往中多線測試。

3. 一般出現這種走勢時，跌破強多線後就要開始減碼。

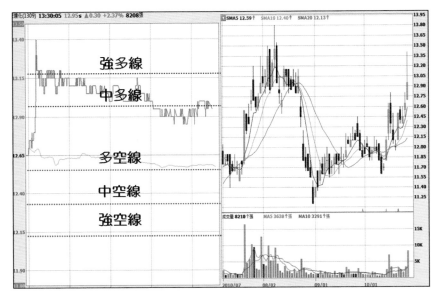

圖105：1309台達化分時走勢與K線圖

1. 股價直接突破強多線後,迅速拉回到中多線整理。

2. 尾盤又跌破中多線,代表上檔調節賣壓沉重。

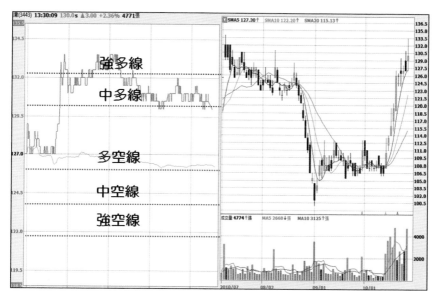

圖106：3443創意分時走勢與K線圖

1. 股價早盤比指數強勢整理，隨即突破強多線。

2. 拉回只要不破中多線，就代表多方能抵抗上檔賣壓。

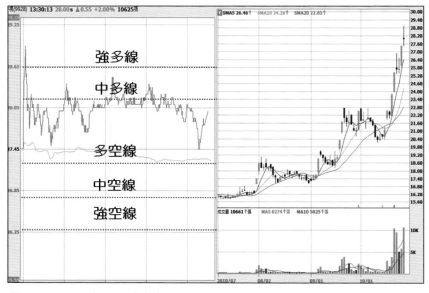

圖107：9928中視分時走勢與K線圖

---

1. 股價直接突破強多線後，拉回直接跌破中多線。

2. 只要股價處於高檔，出現這種走勢要立即逢反彈調節。

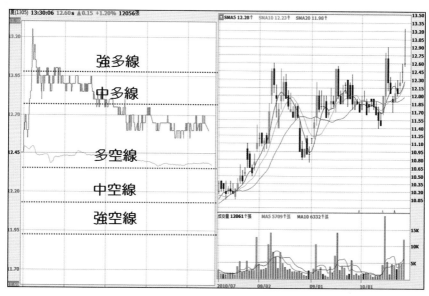

圖108：1305華夏分時走勢與K線圖

1. 股價直接突破強多線後又跌破中多線。

2. 只要指數過高後，通常弱勢股都會有這樣的搶短走勢。

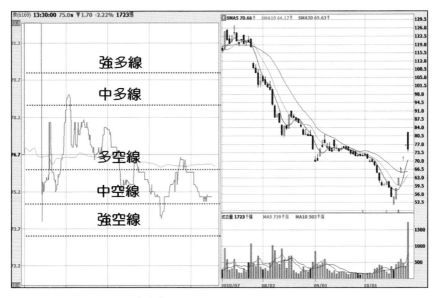

圖109：6169昱泉分時走勢與K線圖

1. 股價開盤漲停後，瞬間打回到平盤，甚至還跌破多空線。

2. 一般出現這樣的走勢時，在日線上會出現長黑吞噬。

3. 此時有這檔股票的，一律站賣方。

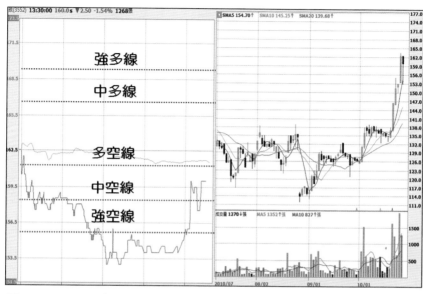

圖110：3552同致分時走勢與K線圖

1. 股價開盤跌破多空線，往中空線測試支撐。

2. 跌破強空線後，尾盤又拉回到中空線。

3. 只要隔日開盤不再破今天低點，代表下檔有買盤支撐。

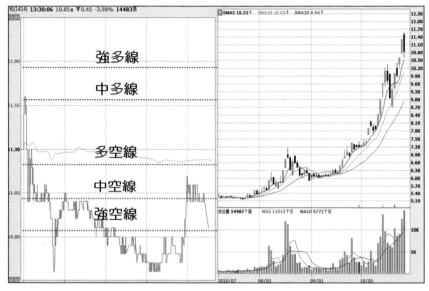

圖111：1414東和分時走勢與K線圖

1. 股價從中多線直接跌到中空線，再往強空線攻擊。

2. 這樣的走勢在日線上會出現吞噬，任何反彈都要站賣
   方。

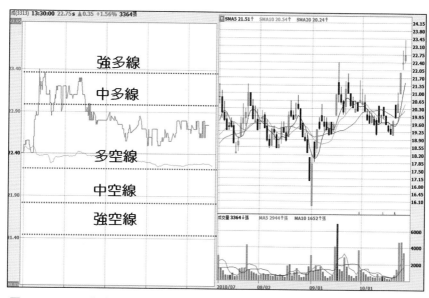

圖112：3313斐成分時走勢與K線圖

1. 股價開盤便往強多線挑戰，盤整後又跌破中多線。

2. 拉回的幅度若是超過2%以上，當日買進就要先調節。

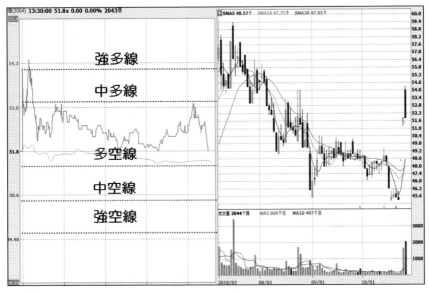

圖113：3064泰偉分時走勢與K線圖

1. 股價突破強多線後，迅速拉回平盤附近。

2. 拉回的幅度若是超過2%以上，當日買進就要先調節。

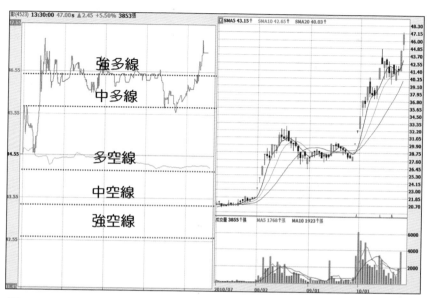

圖114：4523永彰分時走勢與K線圖

1. 股價開盤直接突破強多線後，又拉回到中多線。

2. 尾盤又拉起來到強多線以上，代表多方強勢。

3. 隔日開盤位置，不能跌破今日轉折處。

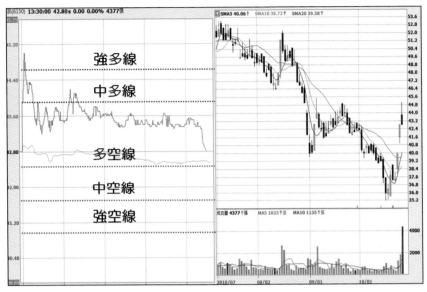

圖115：6150撼訊分時走勢與K線圖

1. 股價開盤直接突破強多線後，迅速拉回到平盤附近。

2. 拉回的幅度若是超過2%以上，當日買進就要先調節。

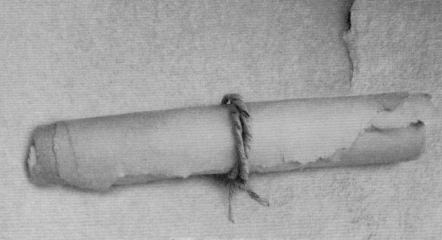

第四單元：操作不是技術問題

「操作是心理問題，不是技術問題！」

　　第一次參加技術分析課程時，老師說自己靠股票投資賺進可觀的財富，當下大夥都露出羨慕的眼光；但他這時卻嬉皮笑臉的說：「操作是心理問題，不是技術問題！」接下來，老師說了一個關於學生的真實例子。過去他有二個很特別學生：甲很有錢而乙很窮；甲總喜歡向老師探聽明牌，而乙卻老是安安靜靜的聽課。有天，老師把二人的持股拿來看，感到十分有趣——甲：本金5000萬，持股「284支」（是的，你沒看錯）！乙：本金10萬，持股「1支」！其中發現甲手中的持股有很多是老師曾經報過的明牌，但是每支股票都只買「一張」，所以手上天天有漲停板，但是也有跌停板；乙雖然只有一支股票，但本金就是全押。三年後，老師再次向兩人打聽投資情形，而甲已經沒有在投資股票了，乙卻賺了第一桶金！

　　這讓我想到過去也曾經幹過類似的傻事，雖然學了不少技術分析，可是每次發現買進訊號時，下單量總是只有「一張」。5元的買一張、50元的還是買一張，手中持股至少都十幾檔以上。原以為這樣比較安全，還可以跟基金一樣「分散風險」，結果呢？在股票走多頭、大家上館子、泡溫泉時，我卻賠掉千餘萬

吃吐司。但我還是搞不清楚問題在哪裡，即使到處聽課、找技術分析書籍，可是結果永遠還是一樣，別人大賺我小賠、別人小賠我破產；直到後來長輩點破，我才讓持股同時不會超過二支，沒想到績效卻逆勢成長，看來以前部隊老長官說的「強將在精不在多」，用在投資也受用！

順便分享一個小想法：大家都知道巴菲特之所以成為巴菲特，是因為波克夏每年的報酬率為23%。簡單算算，如果以100萬來投資，報酬率每年23%，九年後就有1000萬。其實這個觀念大家都知道，但我過去卻一直瞧不起20%的報酬率，只想要一夕致富，結果連1%都賺不到！要知道，如果今年賠掉100萬，明年再拿100萬來拼，就算報酬率有100%，二年下來還是做「白工」！所以縱有80%以上準確的技術分析，若沒有100%的投資心理，套老師的那句話：「就算技術全教給你，你還是賺不到錢！」

「會賺錢就那幾招！」

　　「小昇」是同學之中，大家最不喜歡一起打球的人，時常被他偷襲的東補一槍、西補一槍，然後就OVER了。不過他要來要去就只有那幾招，除了小人物上籃，就是小人物投籃。但這些動作看似簡單，其他人卻總是擋不住他。每次打完球，大家都會氣呼呼的對他說：「打來打去就是那幾招，可不可以換點新的！」（罵歸罵，但總是贏不了。）朋友們私底下都會研究他的動作，可就是找不出應對方法，總是一上場就被他騙！看他打球時總是一臉笑容的樣子，真的是會讓對手氣死！

　　最近從他的打球動作中，讓我體會了一些投資的道理——只要能抓到自己的勝利模式，並且反覆練習，就能有極高的勝率。練習時相對於球友們花俏的上籃動作，或是超遠的三分球投籃、強力的籃下單打，小昇總是默默的站在罰球線上投籃（而且進籃機率非常高）。一旦比賽開始，再加上小小的假動作，我們馬上被他要得團團轉。雖然他的身高180左右，跳不高、速度也不快，卻擁有一身防守的好功夫，有時加上幾句垃圾話——天啊，真的會氣死人！

他具備的特色：

1. 簡單的進球招式。

2. 反覆練習的習慣。

3. 不輕易出手。

4. 冷靜的情緒。

5. 不錯的防守智慧。

6. 非常醜的上籃動作＋搞笑的垃圾話。

記得以前有位教練說過：「只要能得分，姿勢醜一點也沒關係！」

這不也是投資的最高境界嗎？過去每天汲汲營營於尋找完美的技術分析、高勝率的買賣方式，但每當以為找到完美的投資方法時，最後卻還是繳了學費，反而倒吐更多！今年我發現自己買賣的方式總是那幾招，看準了就開槍，看不懂就放手。投資的主要方向就是：提高勝率！

▶ 簡單的進球招式＝固定的操作模式

▶ 反覆練習的習慣＝多多練習

▶ 不輕易出手＝追求60%以上的勝率

▶ 冷靜的情緒＝不被短線行情影響情緒

▶ 不錯的防守智慧＝停損退場機制

▶ 非常醜的上籃動作＝只要能賺錢，進場點差一點又如何

▶ 搞笑的垃圾話＝自娛娛人，不要太在意輸贏，永遠都有機會

▶ 投資會贏的總是那幾招而已，如同一把折凳，就可以登上十
大暗器之首了，你說是嗎？

「散戶看盤都在看什麼？」

最近聽到一句話，讓我對操作體悟了不少：「散戶每天花四、五個小時看盤，都在看什麼？大盤結構？資金流動？不，他們只是花半天的時間盯著手中的股票，殺進殺出而已！」其實不只是一般散戶，連市場老手都會這樣。尤其是最近的行情，只要沒有見好就收，就會常常追高殺低。這不是技術上的問題，而是心理因素佔大多數！交易這條路讓我體會到很多人生道理，當你成功時，別人會羨慕你，並懇切希望從你身上學到一、二招，但你失敗時，別人會唾棄你，並極盡一切否定你過去所有的努力。當你賺錢時，別人會嫉妒你，因為他們覺得錢很好賺，只是剛好輪到你，但當你賠錢時，別人會恥笑你，因為他們覺得投機之路不可取，早就跟你說了！不過這些都與你無關，對於交易也沒有任何幫助，重點全在於你自己！散戶都在看什麼盤？除了看手中股票之外，也在看自己的心理，不是嗎？

「一堂20萬美金的課？」

下午去拜訪一位過去在金融業服務的長輩，看著他開在高級商辦大樓裡的辦公室，我很好奇他是如何在離開金融業，成為一位專職投資人後，靠投資擁有近150坪的超大辦公室？

聊沒多久，他便問我今年最成功的一筆投資，獲得的報酬率有多少？我反問他能否分享一下今年的投資經歷，以下就是大概的聊天內容：

問：「大哥，你今年獲利最好的一筆股票投資是買哪支股票？」

答：「AIG。」

問：「AIG！天啊！你也有投資美股喔！多少買進的？不是跌得很慘嗎？」

答：「我在每股5元時買進的，在45元附近賣掉一半，剩下的留著配息！」

問：「你總共買進多少股？配息有超過5%嗎？」

答：「我總共買了20萬美金，沒記錯的話，每年配息有20%。」

問：「你還有買哪些股票呢？有買台股嗎？」

答：「我也有買富國銀行，也是20萬美金；另外年初時也買了聯發

科、營建類股、還有一些中概股，不過上了7200後，我就全部出掉了，最少獲利大概有200%！」

問：「你今年還有投資哪些標的呢？」

答：「商辦跟大陸港股基金。」

一個下午的談話內容讓我獲益良多，也深深檢討自己的投資缺失，我也問他如何擁有今天的財力？他回答：「我年輕時靠股票投資來累積資金，而且成功的要訣就是『押』！」

是的，你沒看錯，資金越少的投資人，就越不能分散投資。運用散戶「資金少方便移動」的特性，看對就重押、不對就離開。因為相對於資金龐大的中實戶來說，我們是小車、摩托車，而他們是大卡車（噸位大，不易迴轉），但問題是：

1. 我們有較高勝率的買賣方法嗎？

2. 重押後，一有風吹草動，我們抱得住嗎？

3. 面臨重押後的大幅虧損時，我們砍得下去嗎？

4. 我們相信自己的判斷嗎？

如果以上有其中一項做不到，老實說還是分散投資比較好，利用時間來累積利潤，但是你能等多久呢？

「股市中的八個典型迷思！」

　　前陣子做了一個小實驗，選了一檔中小型飆股（考量成交量）後，把相關的分析資料整理完就寄給投資同好們參考！股票在短短二星期不到，漲了近40%，我們四處詢問有買該檔股票的朋友們獲利如何，然而統計資料後卻讓我們感到驚訝，因為能獲利30%（扣頭扣尾）以上的只有9.7%，而最多獲利的部分只在7～10%之間，也就是說許多朋友在賺了一根漲停板後就跑掉了！

　　這個結果讓我們感到有點不可思議，更有趣的是，其中獲利最高的竟然是一位「上班族」，而非我們之中佔大多數的「職業投資人」！買進張數或投入資金比例也非常有趣，買入10%以下資金的佔了68%，全押的只有一個人！顯見大型股（尤其是權值股）才是大多數人最愛買進的股票！

　　期間我接到一些朋友們對這檔股票的反應，不外乎以下幾點：這支股票又沒聽過，會不會是地雷股？可不可以換一支比較大型的股票較安全？這支股票的財報又不好，很危險，聽說XXX（大型股）業績不錯，要不要換一下？現在指數已經漲這麼多了，還追啊？會不會有危險？我只買權值股，有沒有一樣題材的？這支股票的線型好嗎？

而以下是我針對統計後的分析心得：

迷思一、「好股票迷思」

有些投資人想賺錢但不卻敢買飆股！會有這樣矛盾的心態，恐怕是因為在他們心中有「好股票迷思」。而他們心中所謂的好股票即業績好、曝光率高的股票，至於那些名不見經傳的股票，一概視為碰不得的「地雷股」。真是如此嗎？如果我們回頭檢視當今許多天王、天后股，一定能發現一個有趣的定律——「奇蹟總在轉機中」。再看看我們最敬愛的巴爺爺，他的好股票定論一定也跟這些人不同喔！

迷思二、「小賺就跑」

由於中小型股波段較大，未跟盤面保持安全距離的投資人，容易因一時風吹草動而被洗出場外，以致於沒能參與後面的大波段行情。

迷思三、「高曝光率的股票就是好股票」

即使是擁有同樣題材的類股族群，大多數投資人仍會偏好曝光頻率較高的股票。例如每天在電視、報紙、號子等地方出現，或常聽到人們討論的股票，似乎跟著大家一起買比較有安全感。事實上，題材發酵所產生的效益，對於大型股所佔的利潤比例極

少，但對中小型股而言可是荒漠中的甘泉！舉例來說，2009年同屬電子書題材中，大型類股相對於小型類股（如：佳世達相對於振曜），漲勢就差很多。

迷思四、「分散投資迷思」

這是我們耳熟能詳的投資建議！通常我們在投資路上學到的第一課就是分散風險，而這些觀念導致投資人為了避免虧損所造成的心理壓力，反而傾向於同時買進多檔股票以平分風險。但請別輕忽分散過度所導致的風險，可能會遠遠大於集中投資！

迷思五、「基本面迷思」

我們通常被灌輸「擁有優良的財報才是好股票」的觀念，因為世界上許多有名的投資專家，都是以股票財報好壞來投資的，加上法人每天在電視上說的也都是財報方面的言論，但財報不佳的股票真的就不會漲嗎？舉例來說，AIG，自從嚴重虧損後至今，至少漲了九倍喔！

迷思六、「虧損不停損，小賺就停利」

許多投資人並不害怕「虧損」，但是非常害怕「獲利」！聽起來十分奇怪，對不對？但事實上真是如此！常常看到身邊的朋友因為認為股票漲太多了而把飆股賣掉，但虧損的股票卻抱著不

放，只為了等未知的反彈而容忍無止盡的股價掉落！獲利的股票也常因害怕失去利潤而迅速出場，反向操作的去殺掉金雞母。

迷思七、「技術分析愈厲害，就愈會賺」

舉例來說，獲利最高的那位上班族，他能看盤的時間非常少，頂多只能在午飯時間稍微看一下盤勢變化而已，而他那只能算是初級的技術分析能力，卻因為沒能即時看盤，反而不受盤面震盪所影響，而能抱牢飆股；至於走勢不如預期的的股票，因為擔心沒時間觀察以致持續虧損，所以乾脆第一時間就出場。這樣的操作方式幫助他緊抱飆股，而苗頭不對的股票則一開始就停損出場，堵住虧損擴大的可能性。如此典型的例子可以追溯到2009年的大波段行情，技術分析愈厲害的人愈會嚇自己，不斷猜頭猜底，反觀使用懶人投資法的投資人卻能緊抱飆股，進而致富。

迷思八、「抱愈久領愈多」

停損是大家都耳熟能詳的一項重要紀律，停利亦同，但卻經常被忽視，這或許與我們所受的投資教育有關。舉例來說，我們在股神巴菲特身上看到「長期投資」的威力，所以無論大盤走勢如何，許多投資人還是會認為股票買進就是要「抱」，多頭行情也抱、空頭行情也抱，4000點也抱、漲到8000點也抱，漲愈高

抱愈緊，最後落得悲劇結局——抱到不得不停損出場。

　　股市中的迷思當然不只上述短短幾項，還有資金控管、盤勢判斷、持股時間等等各式各樣千奇百怪的迷思。每當看到這些，回想著過去自己的投資方式時，真的十分感謝市場讓我學會許多，血汗沒有白流，拱起我的成長與歷練。

　　我的老師曾經說過一句讓我印象深刻的話：「大部分的人到市場上都是來賠錢的。」這句真言連技術分析能力高超的專家都能適用，但這也正是市場耐人尋味之處，不是嗎？

「跨越失敗交易者的鴻溝！」

現在已經是深夜二點，已經很久沒熬夜了，相較於過去常常熬夜做功課的情景，現在可真是幸福！突然想起蔡依林說過的一段得獎感言：「我真的要謝謝很多很多人，要謝謝曾經不看好我的人，謝謝你們給我很大的打擊，讓我一直很努力；謝謝一路走來還是很支持我的人，因為你們的期望，我要讓自己一直維持在最好的狀態！」

剛剛踏入這個吃人的市場時，我得到的不是鼓勵也不是安慰，而是許多幸災樂禍的言語——尤其每每賠錢時。身邊的人根本不認同我的工作，甚至不知道我在做什麼。他們只知道「你不用每天趕著去上班」、「你沒有固定的收入」、「你沒有穩定的工作」、「你提不出工作證明與薪資所得」、「你的生活作息與別人不一樣」、「你的工作風險非常高」、「你的工作屬於不務正業」、「當別人問你家人，你從事什麼行業，家人也回答不出來」。

被長輩問到自己的工作時，所得到的回答總是：「你怎麼不去找份好工作？」也曾經被好友警告說：「放棄一個月五萬的薪水，看看你變成什麼樣子！」同學會時也往往成為他人眼中的異

類！接到電話，對方第一句話總是：「賠光了沒！」

　　起初我非常鐵齒，總認為自己可以靠投資活下去，可是一而再、再而三的虧損逐漸壓得我喘不過氣，我開始懷疑自己當初的決定，也不知道如何改變現狀，想回到過去熟悉的職場，卻招到冷言冷語！有天收盤後，我無助的坐在麥當勞裡發呆，那時剛好有蔡依林的節目，當她說完那一段感言時，我感動的留下眼淚！自此，我告訴自己也要像她一樣不畏人言、不怕失敗的站起來！

　　這個市場裡，跟我有同樣遭遇的人實在太多了，有人最後選擇離開，有人待到賠光時才放棄，而我卻非常幸運受到許多人的幫助，並且找到自己的方向。我常常問自己，為什麼這麼幸運？

　　我曾經做期貨賠到哭出來，但晚上又乖乖的檢討自己；我常看不懂走勢，所以每天寫下盤中觀察到的現象及心得；我反應比別人慢，所以常常巴著老師問問題；我總是學不會技術分析，所以常常看書學習到半夜；我的記憶力差，總在收盤後把所有自選股線型重新複習一次；我總是不遵守自己的規定，所以特地製作表格來規範自己的買賣；我老是抓不到主流股，所以建立個股資料庫來幫助選股；我總是被電視影響情緒，所以要求自己不看財經頻道……我永遠都在犯錯，所以每天都在檢討自己！

　　記得有位長輩跟我說：「有很多人寧願花很多錢去拜託投顧

來輸錢，也不願意花幾千元去學習！」成為一位成功的交易者並不容易，而且即使是他們也還是常常犯錯。成功與失敗的差別不在於當時下單是否賺到錢，而是當你願意面對自己的錯誤與虧損，並虛心檢討與改正時，你已經成為一位成功的交易者。因為當你這麼做時，已經贏過市場上許多不願面對錯誤或是怨天尤人的失敗交易者！

如何跨越失敗交易者的鴻溝？很簡單，先從檢討自己做起吧！如何成為成功交易者？也很簡單，只要願意學習就可以了！

「尊重趨勢線！」

　　「尊重趨勢線！」這是他給我的答案。

　　過年這幾天，向一位長輩請教投資之道。談話中，他常說出很多人生與投資的道理，其中讓我印象最深刻的就是這句話。言談中他問我投資績效如何，我一五一十的告訴他；聽完之後，他又問我選股方式為何，甚至還拿出紙筆，記錄我所說的內容。聊了一個多小時後，他說了一句話：「『尊重』趨勢線！」（以下節錄談話內容）

　　「以前股市裡有四大天王，錢很多，只要他們願意買，股票就天天漲停！可是現在你還聽得到這些人的名字嗎？你知道為什麼沒有嗎？就是因為他們以為可以用自己的財力去改變大盤或是個股的趨勢，可是當遇到實力更堅強的法人賣壓後，仍舊還是被淹沒了！」

　　「台灣有很多散戶都很喜歡跟大盤對抗，80%的散戶完全不會放空，所以像這次殺下來，幾乎無一倖免。我在號子裡看到的散戶幾乎只會作多，尤其是大盤下殺時更喜歡搶反彈，跑得慢卻又貪心，更喜歡學巴菲特長期持股。你說，哪一個會賺錢？賠錢就抱怨政府，抱怨東抱怨西，很少檢討自己，久而久之就沒再看

到人了！」

「你的方法沒有問題，可是要有穩定的獲利，就要懂得看趨勢，懂得尊重趨勢線。很多老師跟大戶都是掛在這條線上，這條線誰不會畫？可是能完全尊重的有幾個？空頭跑去作多，多頭跑去作空；9000點作多，4000點作空，這樣賺得到錢嗎？這波下來會作空的人，是不是賺到另外80%那些人的錢？」

「可是為什麼散戶不喜歡也不會作空？你知道嗎？就是媒體害的，台灣的媒體已經被訓練成只會講多，為什麼？因為大家都喜歡聽！」

回家後對於這些話感到不可思議，因為這些話我老是聽到，也常常在書裡看到。看來「尊重趨勢線」真是我該努力學習的功課！

「賺到錢卻帶不走！」

這幾天看到電視台製作「股市名人黃任中」的專輯，讓我想起民國80幾年股市上萬點時，我對股市完全一無所知，每天下午都會看到母親與一堆好友討論今天賺了多少、買了哪些好股，談完之後便開始討論身上的名牌包包、誰又換了新車等等。其實，這之中最高興的是我，因為只要有賺錢，晚上就是很豐盛的一餐；那時根本不分假日或平日，只要一下課看到母親的車就停在校門口，我就知道今晚又可以到高級餐廳吃飯了。現在回想起來，那還真是一段非常愉快的日子！

黃任中最後住院時說了一段話：「我很希望能到廟口吃吃一碗炒米粉，吃完之後過著沒有人認識我的生活！」聽在耳裡，除了覺得悲傷之外，也感受到致富之後卻無法守住的無奈與懊悔！

投資股票時，在還沒賣出股票前，我非常不喜歡去看自己獲利的金額，因為我常常會因為今天的上漲所形成的「浮動獲利」而歡欣鼓舞，反倒失去戒心，也會因下跌的「浮動損失」而難過。有注意到「浮動」這二個字嗎？每天投資股票的獲利與虧損，不過是別人或自己暫時放在另一方的口袋裡而已，這道理只要想通了就不會那麼在意了。

你的投資最高原則是什麼呢？

「全身而退」是我的投資最高指導原則；「活下去」是我每天提醒自己的話。人是鋼、錢是膽，就好像作戰的士兵沒有了槍跟子彈，怎麼能在戰場上活下去呢？喬丹沒有籃球在手，也就不再是神人了！所以我每次買股票時，總是先想好遇到什麼狀況時要出股票、漲到哪裡時要特別小心，想久了之後，再怎麼衝動的動作所造成的殺傷力也會減少許多！有人說能從股票市場上把錢變成手上現金的人才算是高手！這個道理雖然簡單，可是要做到卻很難。

李佛摩離開人間時，口袋裡只剩不到一萬美元、是川銀藏更是背負上百億負債，黃任中不也是如此？或許當我們賺到錢時，可以低調一點、安靜一些、預留一些資金作為退路，這樣更能輕鬆的存活於投資的路途上！說起來簡單，但是有錢之後還能保有赤子之心嗎？

聽到黃任中的話之後，心裡只有一個感想：賺再多的錢，最後還買不到一碗炒米粉與安靜的生活！

　　若說到「股票當沖」的操作模式，市場上可真是百百種，盤上沖、盤下沖、多方沖、空方沖還有隔日沖等等，操作策略更區分為散戶、業內法人等等。但這些都不外乎先資後券、先券後資二大方向。本書僅列出一般投資人最喜愛的多方當沖方法，期許大家可以藉此衍生出更多屬於自己的操作技巧，也讓財富更上一層！

　　這段時間非常感謝提供我許多靈感的家人、教導我許多技術分析技巧的二位老師、海賊團成員與網友們的鼓勵與支持，以及協助本書順利發行的聚財網執行長與所有大德，當然還有願意與我一同探討的諸位讀者！

　　如果一個做過水泥工、粗木工、推銷員、保險業務員、理專、職業軍人，人生經歷過三次大起大落，又在2008斷腸年差點破產的我都可以重新站起來，相信各位也絕對可以，而且會做得比我更好！

　　如果沒有股票，我每天可能還在為生活費煩惱；如果沒有股票，我根本無法一圓上講台的夢想；如果沒有股票，我很難到國外去看看不同的世界；如果沒有股票，我很難有更多能力去幫助

流浪動物或是二度就業的人士；如果沒有股票，我很難提供家人好的生活品質；如果沒有股票，我沒辦法認識這麼多好朋友。股票帶給我許多夢，也帶給我許多折磨，但更帶給我無數的人生體會與啟發。其實，老爸當初應該少跟我說一件事：「股票除了可以累積財富之外，更可以改變我的人生！」

　　祝福大家操作順利！

NOTE

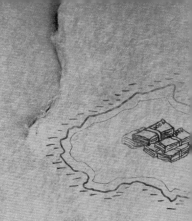

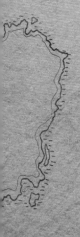

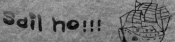Sail ho!!! BON VOYAGE!!!

招　生　廣　告

甲骨文證券研究社

- 社團名稱： 甲骨文證券研究社

- 成立時間： 98年5月1日

- 成立目的： 1 本社團非以營利為目的，皆由志同道合的社員自給自足。
  2 提供場所，讓社員可以分享交流研究心得，精進技術分析。
  3 歡迎各門各派分析師，分享提供研究心得、技術理論來教育投資人。
  4 終極目的在人人練就操作股票神功，從不懂到懂、從淺到深，能反敗為勝、扭轉乾坤，人人皆能從股市中賺大錢。

- 社團功能： 1 技術分析基礎、觀念、中級、高階、實戰班，系統性的教學課程。
  2 二大家族提供盤中、即時各項盤面資訊、產業與個股的最新報告。

- 社團地址： 高雄市青年路二路47號11Ｆ（與中華路交叉口）

- 社團電話： （07）3389573

- 服務時間： AM 09:00～PM 21:00　社長：余老師

聚財線

聚財自製影音節目 每週一下午上線

http://news.wearn.com/

「聚財線上」 **比股票好賺？頭浩人物談權證操作** 2010.11.22
「聚財線上」 **如何掌握外資成本價位 抓準買賣股票時機？** 2010.11.15
「聚財線上」 **大選前後多空分析 行情題材在哪？** 2010.11.08
「聚財線上」 **退休金多少才夠用？ 賤芭樂談通膨下的投資** 2010.11.01
「聚財線上」 **預測隔日漲跌？ 師奶少尉教你兩招** 2010.10.25
「聚財線上」 **金價飆 賤芭樂談黃金商品投資時機** 2010.10.18
「聚財線上」 **其風如何看行情 吃投信豆腐？** 2010.10.11
「聚財線上」 **驗證官版GDP 賤芭樂教你做預測** 2010.10.04
「聚財線上」 **頭浩人物談法人操盤選股手法** 2010.09.27
「聚財線上」 **應用營收來操作下單 可行嗎？** 2010.09.20

聚財網叢書

編 號	書 名	作 者	聚財網帳號	定價
A001	八敗人生	吳德洋	鬼股子	380
A002	股市致勝策略	聚財網編	八位版主	280
A003	股市乾坤15戰法	劉建忠	司令操盤手	260
A004	主力控盤手法大曝光	吳德洋	鬼股子	280
A005	期股投機賺錢寶典	肖杰	小期	320
A006	台股多空避險操作聖經	黃博政	黃博政	250
A007	操盤手的指南針	董鍾祥	降魔	270
A008	小錢致富	劉建忠	司令操盤手	350
A009	投資路上酸甜苦辣	聚財網編	八位版主	290
A010	頭部與底部的秘密	邱一平	邱一平	250
A011	指標會說話	王陽生	龜爺	320
A012	窺視證券營業檯	小小掌櫃	小小掌櫃	280
A013	活出股市生命力	賴宣名	羅威	380
A014	股市戰神	劉建忠	司令操盤手	280
A015	股林秘笈線經	董鍾祥	降魔	260
A016	龍騰中國	鬼股子	鬼股子	380
A017	股市贏家策略	聚財網編	七位作家	320
A018	決戰中環	鬼股子	鬼股子	380
A019	楓的股市哲學	謝秀豊	楓	450
A020	期貨操作不靠內線	曾永政	有點笨的阿政	260
A021	致富懶人包	黃書楷	楚狂人	260
A022	飆股九步	劉建忠	司令操盤手	280
A023	投資唯心論	黃定國	黃定國	260
A024	漲跌停幕後的真相	鬼股子	鬼股子	280
A025	專業操盤人的致富密碼	華仔	華仔	360
A026	小散戶的股市生存之道	吳銘哲	多空無極	300
A027	投資致富50訣	陳嘉進	沉靜	330
A028	選擇權3招36式	劉建忠	司令操盤手	300
A029	談指神功	nincys	nincys	300
A030	一個散戶的成長	蔡燿光	evacarry	300
A031	世紀大作手	鬼股子	鬼股子	250
A032	股票基金雙聖杯	劉建忠	司令操盤手	260
A033	用心致富	張凱文	小巴菲特	260
A034	趨勢生命力	賴宣名	羅威	380
A035	變臉	王陽生	龜爺	350
A036	股市提款機	陳信宏	當沖贏家	320
A037	決戰狙擊手之當沖密技	呂佳霖	nincys	520
A038	基金，騙局？一場夢！	王仲麟	基金殺手賤芭樂	320
A039	台指當沖交易秘訣	李堯勳	自由人freeman	320
A040	技術分析不設防	cola	cola	380
A041	漫步台股	維我獨尊	維我獨尊	320
A042	股市提款卡	陳信宏	當沖贏家	320

聚財網叢書

編號	書　　名	作　　者	聚財網帳號	定價
A043	買進飆股不求人	劉富生	帆船手	380
A044	蠱犇焱股有嚮	呂佳霖	nincys	500
A045	2012台北・北京・上海黃金三角	萬瑞君	萬瑞君	300
A046	不好意思，我贏了！	王仲麟	賤芭樂	380
A047	買進飆股不求人2	劉富生	帆船手	580
A048	能知明日富可敵國	李南憲	頭浩人物	380
A049	向獲利Say High！	吳銘哲	多空無極	380
A050	基金野人實戰交易傳奇	陳峴曒	基金野人	380
A051	與選擇權有約	林冠志	james4468	500
A052	致富錦囊	劉建忠	司令操盤手	380
A053	股市心經	小白	小白	260
A054	征服金融大海嘯	華仔	華仔	520
A055	致富生命K棒	呂佳霖	nincys	390
A056	菜籃族跟我走	陳仲偉	師奶少尉	360
A057	關鍵價位	徐華康	華康	390
A058	三分法操作策略	cola	cola	520
A059	活出股市生命力全彩增訂版	賴宣名	羅威	680
A060	海賊操盤法	陳璨瑋	米可	390

名家系列

編號	書　　名	作　　者	定價
B001	交易員的靈魂	黃國華	600
B002	股市易經峰谷循環	黃恆堉(2)	260
B003	獵豹財務長投資魔法書	郭恭克	560
B004	坐擁金礦	王俊超	380
B005	台北金融物語	黃國華	350
B006	台北金融物語二部曲	黃國華	370
B007	哇靠！這就是中國	萬瑞君	300
B008	翻身	萬瑞君	300
B009	投資心法豹語錄首部曲	郭恭克	350
B010	獵豹財務長投資羅盤	郭恭克(2)	580
B011	大勢所趨	萬瑞君	300

圖表操作系列

編號	書　　名	作　　者	聚財網帳號	定價
C001	固定操作模式	劉富生	帆船手	320
C002	獵豹財務長投資藏寶圖	郭恭克(3)	郭恭克	560
C003	股票指數的型態趨勢研判	劉富生	帆船手	320
C004	看盤贏家	禹帆	禹帆	690

國家圖書館出版品預行編目資料

海賊操盤法 ： 股票當沖密技 / 陳璨瑋著. -- 初
版. -- 臺北縣中和市： 聚財資訊, 2010.12
面 ； 公分. --（聚財網叢書 ； A060）

ISBN 978-986-6366-25-3（平裝）

1.股票投資 2.投資技術 3.投資分析

563.53 99022296

聚財網叢書 A060

海賊操盤法：股票當沖密技

作　　者　　陳璨瑋
總 編 輯　　莊鳳玉
編　　校　　高怡卿・周虹安
設　　計　　陳媚鈴

出 版 者　　聚財資訊股份有限公司
地　　址　　23557 台北縣中和市板南路671號9樓
電　　話　　(02) 8228-7755
傳　　真　　(02) 8228-7711

軟體提供　　嘉實資訊　AP下單系統

法律顧問　　萬業法律事務所　湯明亮 律師

總 經 銷　　聯合發行股份有限公司
地　　址　　231 台北縣新店市寶橋路235巷6弄6號2樓
電　　話　　(02) 2917-8022
傳　　真　　(02) 2915-6275
訂書專線　　(02) 2917-8022

ISBN-13　　978-986-6366-25-3
版　　次　　2010年12月 初版一刷
定　　價　　390 元

聚財點數100點

編號：　L67418

開啓碼：

開啓聚財點數說明及使用方式
請至 http://www.wearn.com/open/

聚財網 wearn.com
客服專線 02-8228-7755
聚財資訊股份有限公司